Célébrer qui nous sommes

Célébrer qui nous sommes

Transcription éditée d'Ateliers de Vision Sans Tête

RICHARD LANG

Traduit par
DOMINIQUE ANGLESIO

The Shollond Trust
Londres

Publié par The Shollond Trust
87B Cazenove Road, London N16 6BB, England
www.headless.org
headexchange@gn.apc.org

The Shollond Trust est une organisation
charitable anglaise, enreg. n° 1059551

ISBN 978-1-908774-34-7

Traduit par Dominique Anglesio
Illustrations par Victor Lunn-Rockliffe
Design de la couverture par rangsgraphics.com
Design intérieur par Richard Lang

pour Joy et Dale

Table des matières

Introduction

Entre 2011 et 2015, Dale Shimizu a enregistré dix de mes ateliers. Au début de 2016, Dale m'a envoyé les fichiers audio, en me suggérant qu'il y avait beaucoup de questions, de réponses et d'échanges qui pouvaient être utiles à des personnes intéressées par la vision de qui elles étaient réellement. J'ai commencé à les écouter et j'ai réalisé qu'il avait raison. J'ai donc transcrit et édité les enregistrements, en les combinant sous la forme d'un unique atelier – ce livre.

Au fur et à mesure que vous lirez, vous serez guidés dans votre traversée des expériences de la Vision sans tête – elles pointent directement vers votre Vrai Soi. Espérons que vous sentirez que vous participez à un atelier, en explorant avec d'autres l'expérience et la signification de qui vous êtes réellement. Vous verrez comment différentes personnes réagissent à cette expérience neutre et non verbale de diverses façons – d'un bout à l'autre du spectre !

En dehors de guider notre attention vers notre Vrai Soi, un atelier conserve l'expérience au premier plan. Si vous voulez rester éveillé à qui vous êtes réellement, il n'y a rien qui ressemble à la possibilité de passer du temps avec d'autres qui le Voient également. C'est très contagieux. J'espère que ce livre va vous contaminer !

La voie de la Vision sans tête a été développée par le philosophe britannique Douglas Harding (1909-2007). Peu de temps après avoir rencontré Douglas en 1970 (j'avais 17 ans), j'ai su que je voulais aider à partager cette Vision avec le monde. Bien que je n'eusse pas beaucoup d'expérience des autres sentiers spirituels, je pouvais voir que la Vision sans tête était étonnamment directe et efficace. C'était spécial, un nouveau développement, une percée permettant de rendre l'expérience de notre Vrai Soi rapidement et facilement disponible.

Douglas s'est fait beaucoup d'amis qui ont apprécié la simplicité et l'efficacité de ses « expériences », une communauté informelle de personnes chez qui la Vision était naturelle et normale. Peu à peu, comme cette Vision devient plus largement connue, cette communauté grandit. Si vous voulez des amis qui apprécient leur

Vrai Soi, ils sont là. C'est à vous de prendre contact.

En regardant rétrospectivement le travail de Douglas Harding, je vois que la façon dont il a communiqué la Vision a évolué au fil des ans – par exemple, le développement des expériences à la fin des années 60 et au début des années 70 a constitué un changement majeur dans son style de présentation. Comme je continue ce travail de pointer vers notre Vrai Soi en utilisant les expériences, je vois que mon propre style évolue lui aussi. Par exemple, j'avais l'habitude de penser, naïvement, qu'être conscient de mon Vrai Soi allait signifier la dissolution de mon sentiment de séparation – la source de tant de mes souffrances, sinon de toutes. Mais je suis arrivé à voir que non seulement ce sentiment d'être séparé ne disparaît pas, mais que c'est en fait une grande bénédiction. Cette prise de conscience plus profonde de la valeur des deux côtés de notre identité, le moi aussi bien que le Soi, se reflète dans ce livre.

Au cours des dernières années, je suis également devenu davantage conscient de l'importance et du pouvoir de communiquer cette Réalité à d'autres. Comme vous le verrez, dans un atelier, j'invite les participants à se transmettre mutuellement l'expérience de leur Vrai Soi. Cette reconnaissance de notre Identité Commune est une chose belle à faire, profondément respectueuse et remplie d'amour. En fait, je ne peux pas penser à un plus grand respect que je pourrais accorder à une autre personne que de reconnaître qui elle est réellement.

Dans son grand livre *La Hiérarchie du Ciel et de la Terre*, Douglas Harding a suggéré, en manière de litote caractéristique, que la carte de notre place dans l'univers présentée dans ce livre n'était qu'une esquisse, et il invitait les autres à compléter cette esquisse par des recherches détaillées. Ce livre est tellement rempli de détails merveilleux que, quand je l'ai lu pour la première fois, je me suis demandé ce qu'il voulait dire par des recherches plus poussées. Mais dans ses livres, plus tard, Harding a fait une partie de cette recherche – en examinant comment la Vision fonctionne dans les différents domaines de la vie. Par exemple, son article *Le Jeu des Visages* (et son livre qui porte ce nom) explore la contribution que la

Vision fait à l'analyse transactionnelle. Comme vous le découvrirez dans ce livre, j'ai continué à explorer, à ma propre manière, les implications de la Vision, en particulier l'idée de Harding des quatre étapes principales du développement personnel : le bébé, l'enfant, l'adulte et le voyant.

Mais j'en ai assez dit dans cette introduction. Je veux vous inviter maintenant à participer à l'atelier. Prenez-y part. Offrez-vous une aventure !

Richard Lang

Chapitre 1
Directement à l'expérience

Richard : C'est à ce stade que je me rends compte que je n'ai pas du tout pensé à cet atelier !

Sarah : Super. Vous allez être surpris vous aussi.

Richard : Oui, je le suis ! Bien, cet atelier parle de ce que nous sommes réellement – de la Vision de qui nous sommes vraiment et un peu de la compréhension de qui nous sommes réellement, mais la compréhension va être différente pour chacun d'entre nous. Il est probable que la plupart d'entre vous ont entendu parler de leur Vrai Soi sous une forme ou une autre. Cet atelier est une approche moderne de la question « Qui suis-je ? ». Vous allez jeter un œil neuf sur vous-même. Vous allez regarder celui qui est assis sur votre chaise – de votre point de vue. Vous avez toutes les informations dont vous avez besoin pour cette enquête parce que le sujet de cette enquête est sur votre chaise !

Je voudrais que vous remarquiez quelque chose de très simple et d'évident à votre sujet – vous ne pouvez pas voir votre propre visage. Quelqu'un peut-il voir son propre visage ? Je ne peux pas. Il y a un visage que je ne vois pas dans ce groupe et c'est celui de Richard. Il y a un visage que vous ne pouvez pas voir dans ce groupe et c'est le vôtre.

Nous commençons visuellement – en remarquant que vous ne pouvez pas voir votre visage. Nous attirons notre attention sur ce simple fait. C'est si simple que vous ne pouvez pas vous tromper. Toute cette journée vise à attirer notre attention sur cette perspective – ce que nous sommes de notre propre point de vue. Aujourd'hui, je suis ici comme un ami pour partager avec vous cette expérience de qui nous sommes et explorer nos différentes réactions à cela.

Tenez vos mains devant vous comme cela. Vous voyez vos mains et la pièce au-delà.

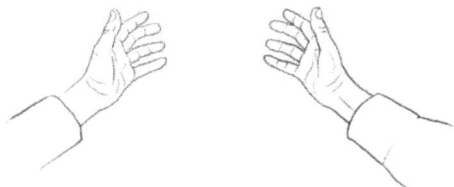

Rapprochez lentement vos mains vers vous. Vos mains s'agrandissent.

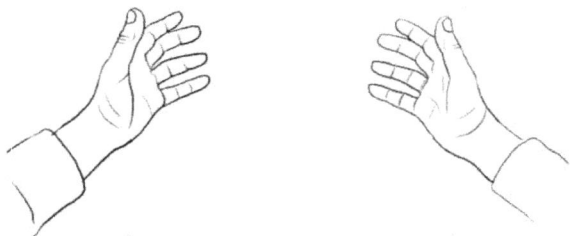

Faites passer vos mains de chaque côté de votre tête. Vos doigts disparaissent, puis vos mains disparaissent, puis vos poignets.

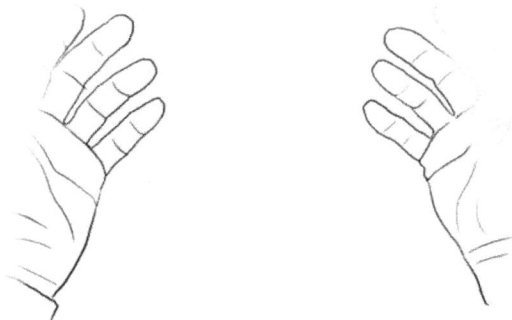

Maintenant, faites avancer vos mains afin que vous puissiez les revoir. Elles sortent de « rien ». J'appelle cela le Grand Vide, la Vacuité dans laquelle tout se passe, le Silence dans lequel tous les sons surviennent. Vous pouvez l'appeler comme vous voulez. La plupart du temps, cela signifie tout pour moi, bien que parfois cela ne signifie rien du tout ! Il ne s'agit pas aujourd'hui de prendre en compte un sens particulier, il s'agit d'explorer nos réactions uniques à cette expérience. Vous ne pouvez pas vous tromper. Vous ne pouvez pas saisir faussement l'expérience ou votre réaction.

Faisons-le encore. C'est une méditation. Ce n'est pas quelque chose que vous apprenez. Ce n'est pas une chose que vous voyez une fois, puis à laquelle vous pensez simplement ou dont vous vous souvenez, c'est une chose à laquelle vous continuez de faire attention. Vous continuez à vous rechercher vous-même. C'est assister à votre Vision de vous-même, la Vision de la première personne. Votre Vision de vous-même va être différente de ce que tous les autres voient de vous.

Faites passer vos mains de chaque côté de votre tête à nouveau. Vos mains deviennent énormes, puis, sans aucune douleur, se dissolvent dans le rien. Vous dirigez votre attention vers l'endroit à partir duquel vous regardez. Vous regardez cet endroit secret comme si c'était pour la première fois. Comme il est clair, vide et spacieux. Comme il est calme et tranquille. Maintenant, tendez vos mains vers l'avant – par magie elles émergent du Rien, à partir de cette Conscience mystérieuse. C'est la chose la plus évidente au monde. Vous ne pourriez pas avoir de chose plus évidente.

Dale : La première fois que j'ai fait cette expérience, il y a peut-être dix ans – je pense que c'est dans le livre de Douglas que j'en ai entendu parler pour la première fois – ce fut un changement immédiat. Je sentis que j'avais revêtu la Conscience. Tout d'un coup, elle s'est ramenée de l'arrière-plan à l'avant-plan. C'était indéniable.

Richard : Oui. Revêtir une Conscience claire et sans limites. Tenez vos mains devant vous à nouveau et regardez l'espace entre vos mains. C'est un petit espace. En ramenant vos mains vers vous, l'espace entre vos mains devient de plus plus vaste jusqu'à ce que vous arriviez au moment juste avant où vous dissolvez vos mains dans la Vacuité. L'espace entre vos mains est maintenant aussi vaste que la pièce. Est-ce vrai ? Oui. Et quand vous mettez vos mains directement dans la Vacuité, alors leurs limites s'en vont et l'Espace augmente constamment. Il est infiniment vaste.

Il s'agit d'une expérience non verbale. Elle n'a pas à signifier quoi que ce soit. C'est aussi une expérience non émotionnelle. Il ne s'agit pas de se sentir bien ou mal. Vous aurez une réaction à cette expérience différente de la mienne. C'est génial ! Il n'y a pas de bonne réaction à avoir, ni de bonne pensée ni de bonne compréhension ou sentiment à éprouver. C'est une expérience neutre. D'un côté elle ne semble pas très attirante, mais de l'autre, comme je pense que nous pouvons le découvrir, c'est une de ses grandes forces. Elle ne dépend pas de ce que vous ressentez.

Vous n'avez pas à croire tout ce que je dis. Vous êtes l'autorité vous concernant. Nous devons utiliser des mots pour communiquer, mais les mots ne sont pas la chose. Je pourrais appeler cela le Vide, le Grand Espace, la Vacuité, le Vrai Moi, l'Ouverture ici, cette Clarté, cette Tranquillité, l'endroit d'où je regarde, mon Non-Visage, ma Non-Tête ... Parce que nous avons saisi l'expérience, parce qu'on ne peut pas la faire mal, nous sommes libres d'utiliser des mots différents – nous n'avons pas besoin de coller rigidement à une seule façon de la décrire.

Combien de temps vous faut-il pour remarquer que vous ne pouvez pas voir votre visage ? À quelle vitesse pouvez-vous rentrer chez Vous ? Avez-vous vu les publicités pour voitures qui vous disent à quelle vitesse elles peuvent accélérer de 0 à 100 km/h ? Bien sûr, plus elles vont vite, mieux c'est. La voie de la Vision sans tête est comme une voiture rapide ! C'est un Chemin spirituel rapide. Mettez vos mains dans le Vide. Ça n'a pas pris longtemps, n'est-ce pas ? Les expériences sont une percée. La Vision sans tête est unique – elle comporte des expériences que d'autres chemins spirituels n'utilisent pas. Nous facturons beaucoup pour les utiliser – toutes les expériences sont brevetées. Je plaisante !

Nous commençons visuellement, mais nous allons également examiner cela dans le contexte des autres sens, comment cela se rapporte aux pensées et aux sentiments, comment cela fonctionne dans nos vies, comment faire que cela continue, ce genre de choses. Nous avons toute la journée. Nous resterons avec les expériences visuelles un peu plus longtemps – c'est un bon point de départ car il est facile de communiquer qui nous sommes vraiment en utilisant la vision.

Dès le début, vous pouvez être conscient de quelque chose qui vient avec cette observation – comme vous ne voyez pas votre visage, que voyez-vous à la place ?

David : Tous les visages autour.

Richard : Oui. Nous l'appelons « échange des visages ». Vous avez le visage de Richard maintenant et j'ai le vôtre. Chaque fois que vous regardez quelqu'un vous prenez son visage et lui donnez le vôtre. Sans effort. Sans même avoir à comprendre quoi que ce soit. C'est comme ça. Vous êtes construit pour être Ouvert pour les autres. Largement ouvert, clair, en toute sécurité. C'est non verbal et évident. Vous n'avez pas besoin de comprendre quoi que ce soit pour le voir, n'est-ce pas ? Non. Vous n'avez pas besoin de ressentir quelque chose de particulier pour le voir. C'est incroyable. C'est génial.

Dale : Ce que j'apprécie le plus dans cette approche particulière, c'est l'immédiateté de la reconnaissance. Commencer le voyage à partir de ce lieu de Non-Lieu est essentiel en raison de la confusion qui vient du fait d'être identifié comme chercheur et tout cela est complètement dispersé dès que l'on voit immédiatement ça pour soi-même. Le pointage non verbal est merveilleux. Ensuite, l'enquête de déconstruction et tout ce que vous entendez par la suite prennent un sens. Mais quand vous n'avez pas l'expérience directe, ces choses restent là en tant que simples pensées. Cela ne pénètre pas au cœur.

Richard : Je vous remercie. Nous allons avoir une conversation à ce sujet toute la journée. Nous allons faire beaucoup de choses basées sur des expériences et j'espère que vous vous sentirez bienvenus de partager vos réactions à mesure que nous avancerons, car c'est exaltant pour tout le monde d'entendre les réactions des différentes personnes. L'Unique, la Première personne, aime à s'entendre parler avec beaucoup de voix ! Il y aura énormément d'occasions de partager au fur et à mesure que nous passerons la journée. Comme je le disais, tout le monde aura une réaction différente. Je me réjouis de ça. Nous ne sommes pas ici pour être d'accord. Débarrassons-nous de ça !

Anne : Ça me plaît.

Richard : Surtout avec moi – ne soyez pas d'accord avec moi ! Ce que nous devons d'abord faire ici, c'est d'être présent à ce que c'est d'être soi-même. Vous ne pouvez pas mal le faire. Vous êtes à l'endroit parfait pour voir ce que vous êtes au Centre. Cette approche est expérimentale, moderne, simple et directe. Et la meilleure façon de réaliser cela pendant cet atelier est d'être ouvert d'esprit. Détendez-vous autant que vous pouvez, soyez ouvert d'esprit et curieux.

Comme je l'ai dit, je vais vous encourager à utiliser vos voix aujourd'hui pour affirmer en public votre observation de qui vous êtes vraiment. La prise de conscience de qui nous sommes grandit vraiment quand nous l'amenons au premier plan et l'exprimons. Voyez-vous votre propre visage en ce moment ?

Michael : Non !

Richard : Voyez-vous celui de tous les autres à la place ?

Michael : Oui !

Richard : Je ne vous demande pas de dire quelque chose qui n'est pas vrai. Si ce n'est pas vrai pour vous, ne le dites pas. Évidemment, les autres peuvent voir votre visage et vous pouvez le voir dans le miroir, vous pouvez l'imaginer, mais vous ne pouvez pas le voir en votre Centre. Je ne peux pas voir le mien ici en mon Centre. C'est évident, n'est-ce pas ? Incroyablement évident. Nous ne commençons pas par une théorie difficile et mystique. Nous faisons quelque chose qu'un enfant de cinq ans pourrait faire.

De toute évidence, vous pouvez voir votre nez. Si vous fermez un œil votre nez est assez grand – en fait, vous avez le plus grand nez dans la pièce ! Il va du plafond au plancher. Mais il n'est attaché à rien. Il émerge de rien.

Si quelqu'un à ce stade pense : « Oh mon Dieu, qu'est-ce que je suis devenu aujourd'hui ? » – c'est très simple. Nous observons ce que c'est que d'être soi-même. Nous remarquons la différence entre notre identité publique qui est ce à quoi nous ressemblons *pour les autres*, et notre identité privée qui est ce que nous sommes *pour nous-mêmes*. Il n'y a que vous pour voir ce que vous êtes pour vous-même. C'est une chose secrète. Une raison pour laquelle je pourrais sous-estimer mon Vrai Moi, c'est parce que personne d'autre ne peut le voir. Je pense que je dois avoir tort et que tout le monde doit avoir raison parce que je suis le seul ici qui puisse voir que je suis sans visage. Tout le monde me dit que j'ai un visage ici. Il y en a vingt dans cette salle et je suis seul, je suis donc emporté par le nombre. Je suis dissuadé d'être la réalité de mon absence de visage. Mais maintenant, je vais mettre les choses au clair. Vous avez raison là où vous êtes, j'ai un visage pour vous – et j'ai raison ici, je n'en ai pas un pour moi. Cette différence entre votre identité privée et votre identité publique est incroyable. En regardant à partir de mon absence de visage, je prends tous vos visages, je prends le monde – je suis Espace pour le monde entier !

Permettez-moi de préciser dès le début que voir qui vous êtes vraiment n'est pas nécessairement une expérience ébouriffante. C'est simplement le fait d'être attentif à ce que c'est d'être vous, quoi que vous ressentiez. Si vous n'avez pas d'expérience ébouriffante, c'est bien, vous voyez toujours qui vous êtes vraiment.

Joy : Je passe vraiment à côté de quelque chose.

Richard : Je ne pense pas que ce soit le cas. Pouvez-vous voir votre visage ?

Joy : Non.

Richard : C'est tout. Comme je l'ai dit, nous sommes en train de faire la distinction entre cette observation simple et la manière dont nous y réagissons ou ce qu'elle signifie pour nous. Vous avez saisi l'expérience, mais ce que cela signifie pour vous sera différent de ce que cela signifie pour moi ou Dale ou quelqu'un d'autre. Cela pourrait même ne rien vous dire. Nous distinguons donc entre nos réactions et l'expérience. L'idée de l'atelier est d'aborder cette expérience sous différents angles, non seulement du point de vue visuel, mais aussi d'autres points de vue non visuels, et de rester avec ça pour la journée et voir ce que cela signifie pour nous – ou autre chose. Mais je vous assure, vous avez saisi l'expérience parce que vous ne pouvez pas voir votre visage. Quand vous me regardez maintenant, de qui voyez-vous le visage ?

Joy : Le vôtre.

Richard : Oui. Nous disons donc que nous sommes « face à Non-Face ». Est-ce vrai ? Oui. Donc, vous avez maintenant le visage de Richard et pas celui de Joy. C'est plutôt une belle chose, n'est-ce pas ?

Dale : Je ne sais pas si Joy s'en souvient – une fois, j'ai eu une puissante démonstration de l'expérience face à Non-Face. Je regardais dans le miroir et soudain j'ai eu l'expérience profonde qu'il n'y avait pas de tête ici et qu'il y avait un visage là-bas. Ça s'est vraiment installé. Alors j'ai remarqué les caractéristiques de celui qui était dans le miroir d'une manière très détachée. Puis je me suis excusé auprès de Joy en lui disant : « Je suis désolé que tu aies à voir ce visage parce que moi pas ! », je ressentais de la compassion pour elle ! J'ai eu la meilleure partie de l'échange !

Richard : Oui, comme ce poème humoristique attribué à
Woodrow Wilson,

> En tant beauté, je ne suis pas une star
> – il y en a d'autres bien plus beaux –
> mais mon visage ne me dérange pas,
> Car je suis derrière lui :
> ce sont ceux d'en face qui n'ont pas de bol.

Je vais placer cette expérience du sans-visage dans différents
contextes. Tout d'abord, considérez ce que disent les grandes
traditions spirituelles. Quand vous les réduisez à leur essence, elles
disent une chose, qui est que là où vous êtes il y a un miracle. Ce
Miracle n'est pas né et ne mourra pas. Tout arrive et s'en va sauf ce
Miracle, le Miracle de l'Être – le Miracle du Moi Unique. Les grands
mystiques déclarent que vous êtes ce Moi unique, ce Miracle – le
Royaume des Cieux est en vous, Dieu, le Seul. Quelle affirmation
étonnante ! Aujourd'hui, dans cet atelier, nous allons tester cette
allégation. Les grands mystiques disent que la plupart des gens ne
sont pas conscients de qui ils sont réellement. Ils disent qu'il est
incroyable que les gens n'en aient pas conscience parce que c'est si
évident – il faut être ivre pour ne pas le voir. Mais si vous le voyez
vraiment, et que vous vivez consciemment à partir de ce que vous
êtes réellement, cela change la vie. C'est la promesse. C'est à chacun
de nous de tester cette déclaration, cette promesse.

Chapitre 2

Peler l'oignon

Richard : Voici un modèle du soi conçu par Douglas Harding dans les années 1970 – le *Youniverse Explorer*. (Douglas Harding a élaboré la philosophie de la Vision sans tête et a inventé les expériences.) Ce modèle indique que ce que vous êtes dépend de l'endroit où quelqu'un vous observe.

Vous me regardez de plusieurs mètres de sorte que vous voyez une personne ici, mais si vous veniez vers moi avec les bons instruments, vous perdriez mon apparence humaine et vous trouveriez à la place un morceau de peau puis des cellules. Si vous arriviez à mes cellules, vous trouveriez alors des molécules. C'est comme de peler un oignon. Si vous êtes arrivé à mes molécules – je disparais vite maintenant ! – vous trouverez des particules. Vous vous dirigez vers le Rien en mon Centre. Vous pouvez être très proche, mais vous ne pouvez jamais me saisir ici à la distance zéro et voir ce que je suis ici. Mais je suis ici et je vois que je ne suis Rien.

Si vous vous éloigniez de moi au contraire, vous verriez Levittown, puis l'Amérique, puis la planète Terre et l'étoile, le Soleil. Ce sont toutes nos apparences à moi et à vous. C'est beau. Ce sont des strates de notre corps. Nous avons besoin de chacune de ces strates afin d'être assis ici et de respirer. J'ai besoin de mes poumons, j'ai besoin des cellules qui composent mes poumons et des molécules qui composent mes cellules. J'ai aussi besoin de l'atmosphère, de la lumière du soleil ... C'est un beau système vivant. Il fonctionne. C'est qui nous sommes. Incroyable. C'est une nouvelle façon de nous reconnaître. Nous devons rattraper la science, ce qu'elle nous dit de nous-mêmes.

Non seulement la science reflète bien ce corps à plusieurs niveaux, mais nous nous identifions à plusieurs de ces strates. Je m'identifie au fait d'être Richard, d'être Anglais, européen, planétaire – j'espère que je m'identifie parfois à ma planète. Puis je m'étends pour ressentir mon étoile. Si nous étions attaqués par une autre étoile – si une Guerre des Étoiles éclatait – notre étoile serait menacée. Je me sentirais en danger. Puis, au moment suivant, je pourrais m'identifier à mon équipe de football – je me contracterais. À un moment, je suis préoccupé par mon système solaire, le moment suivant, je pense à ce but que nous avons raté. Puis c'est mon genou qui me fait mal, ensuite l'état de l'économie ! Tout le temps, nous sommes en état d'expansion puis de contraction.

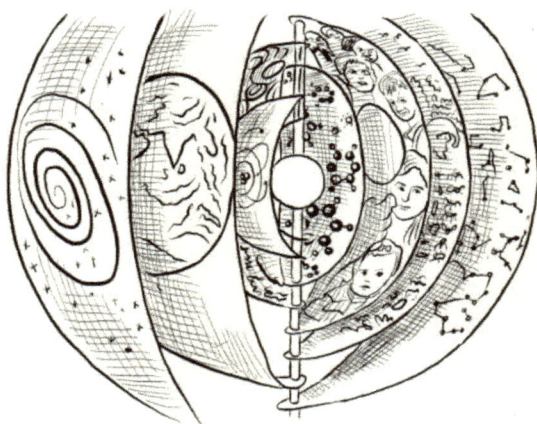

Les images sur les parties extérieures des strates du modèle représentent ce que les autres vous voient être depuis différentes distances. Les images des parties intérieures représentent votre vision à partir de votre Rien central. Lorsque vous regardez à peu de distance, vous voyez votre nez et le reste de votre corps sans tête. En regardant plus loin, vous voyez d'autres personnes. En regardant encore plus loin, vous voyez des bâtiments, des nuages, puis la Lune, les étoiles, les galaxies. La vue à partir de votre Centre Vide est stratifiée comme la vue vers le dedans. C'est une belle organisation. Donc quand je dis que je regarde dans mon Centre, je veux dire le Centre de toutes ces strates. Ce modèle place l'expérience de votre Rien central dans le contexte de votre beau corps-esprit à plusieurs niveaux. Nous ne nous sommes pas encore réellement réveillés à notre corps-esprit à plusieurs niveaux. Nous le connaissons par petits morceaux et nous nous en considérons comme une petite partie, mais maintenant, en regardant ce modèle, nous pouvons comprendre qu'il est un organisme vivant.

La question principale que nous nous posons aujourd'hui est : « Qui ou qu'est-ce qui est au centre de toutes ces strates ? » Les autres peuvent vous dire à quoi ressemble votre corps à ces différentes distances – votre beau corps – mais personne ne peut vous dire ce que vous êtes au Centre de toutes ces strates sauf vous, parce que vous seul êtes là. La sphère transparente au centre du modèle vous représente à la distance zéro. Le but de nos expériences est de diriger notre attention vers le Centre de toutes nos strates – pour observer la Réalité derrière toutes nos apparences. Les grands mystiques du monde disent qu'au Centre, vous êtes l'Unique, la Source, Dieu. Quand je regarde ici, à la distance zéro, je ne trouve pas mon visage ni quoi que ce soit – je trouve cette Ouverture qui est remplie de l'univers aux nombreux niveaux. Je vérifie maintenant que les mystiques ont bien compris !

Déplacez vos mains à nouveau vers l'endroit à partir duquel vous regardez. Ici vous êtes Vide et Clair. Ici vous êtes devant l'évidence de vous-même, conscient, éveillé. Ici vous pouvez dire, « Oui, JE SUIS ».

Dale : Quand Richard a présenté cet objet, ce modèle m'a vraiment aidé à relier beaucoup de choses que j'explorais.

Évidemment, la question spirituelle est : « Qui ou qu'est-ce qui est vraiment ici ? » Pour commencer, je n'étais pas sur un chemin spirituel et cela, mon apparence, était la seule réalité pour moi. Et c'est tout ce que je pouvais voir de vous. Vous êtes aussi ceci. Je connaissais les autres dimensions – plus je me rapprochais, plus je commençais à disparaître. Mais je ne connaissais encore pas ce Centre, à ce moment-là. Je remarque que beaucoup de gens se préoccupent plus d'une de ces dimensions que des autres. Le biologiste semble être plus préoccupé par la couche cellulaire, un psychologue est plus préoccupé par la strate humaine, un écologiste se préoccupe d'une autre encore. Chacun a un morceau de la tarte. Mais personne ne se questionne sur ceci au Centre. J'ai toujours négligé Ceci parce que ce n'est pas comme tous ces autres dans le sens où cela ne vient ni ne s'en va jamais, cela n'a pas de forme, pas de couleur. Comment attirer l'attention sur cette Réalité ? C'est pourquoi nous faisons les expériences. C'est génial. Je ne peux pas voir ce qui est ici. C'est très simple et pourtant aucune de ces autres strates ne se manifeste jamais en dehors de cet Espace. Je n'ai jamais eu une de ces expériences sans cette Capacité. Ce modèle est brillant, la façon qu'il a de tout rassembler. On pourrait contempler cela sans fin.

Chapitre 3
L'expérience du pointage

Richard : Voici une simple expérience pour tester ce que les grands maîtres spirituels disent à propos de qui nous sommes tous vraiment au Centre, pour voir si ce qu'ils disent est vrai. Nous allons pointer vers nous-mêmes pour observer et voir ce que nous sommes. Comme c'est simple ! Tout d'abord, nous allons diriger notre attention sur des choses qui sont lointaines, puis vers des choses qui sont plus proches, puis juste à l'endroit à partir d'où nous regardons.

Pour cet exercice, vous avez besoin d'un doigt. Tout le monde a son doigt ? L'avez-vous apporté ? Je ne sais pas si nous mettons cela sur la liste des choses à apporter !

Pointez d'abord vers le plancher. La raison de ce pointage est de diriger votre attention. Regardez ce vers quoi vous pointez. Vous voyez des couleurs et des formes là-bas. C'est une chose. C'est simple et évident – vous n'avez pas besoin de demander à quelqu'un d'autre ce qui est là, vous regardez par vous-même.

Maintenant, pointez votre chaussure du doigt – c'est aussi une chose. Vous n'avez pas à comprendre comment votre chaussure a été faite pour la voir, vous la regardez, c'est tout. Pointez votre genou – c'est aussi une chose.

Pointez votre torse. Vous voyez des couleurs et des formes et peut-être le mouvement de votre respiration là.

Maintenant, tenez votre doigt en face de vous et pointez vers l'endroit où d'autres voient votre visage. Que voyez-vous là où vous pointez ?

Vous ne voyez pas votre visage, n'est-ce pas ? Non. Vous pointez vers un endroit très spécial, l'endroit d'où vous regardez.

Vous n'avez pas besoin de demander à quelqu'un d'autre ce qui est là parce que vous pouvez regarder par vous-même.

En fait, personne d'autre n'a le pouvoir de vous dire ce qui est là parce qu'ils sont tous à plusieurs mètres de distance alors que vous seul êtes là. Vous êtes le seul du côté de votre doigt. Tous les autres diront que vous pointez vers votre visage – c'est ce qu'ils voient d'une certaine distance. Mais vous êtes du côté de votre doigt, à la distance zéro. Qu'est-ce que vous trouvez là ? Je ne trouve pas de visage ici – pas de couleurs ici, pas de formes, pas de mouvement, pas de limites, pas d'âge – rien.

Vous êtes votre propre autorité sur ce qui est où vous êtes, l'endroit à partir d'où vous regardez, l'endroit à partir duquel vous vivez. Êtes-vous petit là, ou êtes-vous sans limites ? Je suis sans bornes, tranquille, silencieux.

Devez-vous avoir un nom pour voir cela ? Non. Devez-vous comprendre comment cela a été fait ? Non.

Il s'agit d'une expérience non verbale. Vous pouvez la décrire comme vous voulez – comme nous avons saisi l'expérience, nous pouvons utiliser n'importe quel mot qui est significatif pour nous. Maintenant, je vais demander à trois ou quatre d'entre vous de décrire cela.

Participants : Je ne vois rien. C'est frustrant. Comme un reflet. Une fenêtre. Une transparence. Une étendue. Un mystère.

Pointage bidirectionnel

Maintenant, utilisez l'index de votre autre main pour pointer vers l'extérieur en même temps. Ce doigt pointe dans la pièce. Il pointe vers mille couleurs, formes et mouvements, etc. Cela indique que cet Espace que vous êtes au Centre n'est pas seulement vide, il est également plein. Vrai ? Oui. C'est un Espace rempli. Il est vide pour être rempli. À l'instant même, il est rempli de cette salle et de toutes les personnes qu'il y a dedans. Il est également plein de sons, de sentiments et de pensées.

Dans cette direction extérieure, il est rempli de vie, de couleurs et de tout.

Ce geste de pointage bidirectionnel indique également qu'il n'y a pas de ligne de partage entre l'Espace et ce qui est dans l'Espace. Je ne peux pas voir ma Non-Tête sans voir ce qui se passe dedans. Je ne peux pas voir le Vide sans voir les formes qui surviennent en lui. Ici, au Centre, c'est simple et vide, là-bas c'est compliqué, plein de choses – et ces deux aspects différents ne sont pas séparés.

Aujourd'hui, de différentes façons, nous ramènerons notre attention vers notre Vrai Moi, cet Espace Ouvert, cette Conscience toujours remplie de quelque chose. La joie de passer la journée ensemble, c'est que cette Conscience sera au premier plan toute la journée. C'est la chose la plus facile à voir, mais continuer à la voir, continuer à en rester conscients – c'est ce que nous faisons aujourd'hui. En dehors de pointer vers cette Réalité, cet atelier consiste à y demeurer, à la célébrer et à partager nos différentes réactions à cela. Des réflexions à partager en ce moment ?

Paul : Quand nous pointons et que nous regardons, tout le monde voit-il la même chose ?

Richard : Quand vous pointez là, voyez-vous une couleur ?

Paul : Non.

Richard : Je ne vois pas de forme ici. En voyez-vous une ?

Paul : Non.

Richard : C'est donc la même chose à cet égard, n'est-ce pas ?

Paul : C'est exact.

Richard : Je ne vois aucun mouvement ici. Y voyez-vous un mouvement ?

Paul : Non.

Richard : Il semble que nous soyons d'accord.

Paul : Oui.

Richard : Ma vue vers l'extérieur s'arrête à tout ce que je regarde, mais quand je regarde en arrière, elle ne s'arrête nulle part. Est-ce vrai pour vous ?

Paul : Bien sûr.

Richard : On dirait que c'est pareil ici pour moi comme pour vous. Ce geste de pointage bidirectionnel indique deux directions, vers le dedans et vers le dehors. La vue vers le dehors de chacun d'entre nous est différente, mais la vue vers le dedans est la même parce que nous ne voyons rien. Cela n'a pas de forme, pas de couleur, pas de mouvement ...

Bill : J'ai trouvé cela déconcertant quand nous avons fait l'expérience – la première fois où l'on se rend compte que l'on est le seul « vous ». On est entouré de personnes mais je suis constamment la personne qui est moi, je suis celui qui interprète pour moi. C'est déconcertant.

Richard : Est-ce le sentiment d'être seul ?

Bill : Oui, exactement.

Richard : Quand nous pensons à nous-mêmes comme étant seuls, dans une foule, disons, nous pouvons nous sentir seuls. Nous nous sentons séparés des autres. Mais quand vous voyez ceci, cette Solitude est différente parce qu'elle inclut les autres, n'est-ce pas ? Ce n'est pas une chose qui sépare. Cet Espace a maintenant le visage de chacun en Lui. C'est une « solitude par inclusion » qui est une chose différente de la « solitude par exclusion ».

Je pense que si, à un moment donné, vous sentez que cette expérience est déconcertante, c'est une très bonne nouvelle. Cela signifie que vous la prenez au sérieux. Vous hochez la tête là-bas ...

Barbara : C'est surprenant. On voit la salle et tout le monde de manière beaucoup plus holistique qu'on ne l'avait fait avant. Je rentre dans la pièce ce matin – j'étais lessivée – je m'assieds, il y a toutes ces personnes et puis je vois toutes ces têtes et cet Espace qui vous fait sursauter en vous réveillant.

Richard : Voir ceci, c'est être éveillé. Et bien que cela vous fasse sursauter et que ce soit nouveau, c'est aussi familier, diriez-vous ?

Barbara : Oui.

Andrew : Cela a toujours été ici. Cela n'a jamais pas été là-bas. C'est plus que familier ! C'est toujours là.

Brian : Cela a toujours été là, mais il est si facile de rendre cela confus et de le perdre de vue.

Richard : Oui. Nous passons à côté. Nous regardons de la mauvaise manière, pour ainsi dire.

Brian : Nous devrions tous faire marche arrière ! Si l'on fait marche arrière, cela devient le premier plan !

Richard : Il y a un Dieu romain à deux visages appelé Janus. Un de ses visages regarde vers l'avant et l'autre vers l'arrière. On pourrait dire que c'est une métaphore pour cela, pour cette façon de regarder dans les deux sens. Vous regardez dans les deux sens à la fois – dans l'Espace et là-bas dans le monde.

Vous avez saisi l'expérience non verbale. Vous ne pouvez obtenir Rien de plus que ce que vous avez maintenant. L'expérience est absolument simple et la même pour nous tous. Vous ne voyez pas

votre tête, à la place vous voyez le monde. Est-ce vrai pour vous ?
Brian : Oui.

Richard : Oui ! C'est très important de dire en public ce que vous vivez : « Oui, au lieu de ma tête, je vois le monde ici. » Je pense qu'il est important de le dire à voix haute parce que, d'une manière ou d'une autre, nous affirmons toute la journée le contraire – que nous sommes des choses séparées. Quand je dis : « Je suis Richard », j'adopte votre point de vue sur moi. Je dis : « J'accepte d'être ici ce que vous me voyez être de là-bas. » Mais maintenant, je dis : « Non ! Ce n'est pas comme ça ici. Pour moi-même, je ne suis pas Richard, je suis l'Espace pour le monde ! » Je parle de mon propre point de vue.

Je n'essaie pas de vous berner ou de vous convaincre de quelque chose qui n'est pas vrai. Vous êtes l'autorité sur ce que c'est que d'être vous.

Diana : Je peux sentir quelque chose ici.

Richard : Très bien, regardons ça. Soyez consciente de la sensation de votre front. Cette sensation a-t-elle une couleur ?

Diana : Non.

Richard : Quelle en est la largeur ?

Diana : Je ne peux pas le dire.

Richard : Est-ce que les sensations que vous ressentez là fabriquent une chose solide, colorée, une tête là-bas, ou sont-ce seulement des sensations dans la Conscience ?

Mes sensations ne sont que des sensations dans la conscience. Elles ne fabriquent pas une tête ici.

George : Je peux voir mes lunettes.

Richard : Regardez vos lunettes. Vous pouvez voir leur forme ovale. Quoi que vous puissiez voir de vos lunettes, c'est là dans votre vision vers l'extérieur. Mais voyez-vous votre visage derrière vos lunettes ?

George : Non.

Richard : L'Espace du côté intérieur de vos lunettes est absolument clair. Les verres mettent le monde en évidence, mais ils ne changent pas l'Espace, et ils n'empêchent pas votre vision de l'Espace. Vous regardez à travers vos lunettes depuis l'Espace.

George : J'ai la sensation que cette Réalité est comme d'être au cinéma.

Richard : Oui, et il n'y a personne qui regarde.

George : Qu'est-ce que vous voulez dire ?

Richard : Quand nous pointons ici, nous pointons vers notre Non-Visage. Lorsque vous pointez avec votre autre main, vous pointez vers tout ce qu'il y a dans la pièce. Ce « pointage bidirectionnel » indique que cette Vacuité ici n'est pas seulement vide, elle est aussi pleine – du film. Il y a le film. Dans le film, vous pouvez voir le contour de vos lunettes – et votre gros nez ! Mais votre côté du film est vide. Il n'y a pas là une personne qui regarde le film. Tout ce que vous vivez est dans le film – vos pensées, vos sentiments, les réactions et les sensations, y compris la sensation de votre tête. C'est un film multi-sensoriel. Mais ce côté-ci de tout cela est Espace pour tout cela.

Sans doute, le fait de voir cela va soulever des questions, des difficultés et des problèmes pour beaucoup d'entre nous. Vous dites, « Oui, mais ... » Très bien ! Si cela ne soulevait pas des difficultés et des problèmes, ce serait plutôt bizarre, car c'est une façon de vous voir très différente de la vision sociale.

La vision sociale est ce que les autres vous voient être – avec une tête, avec un arrière-plan derrière vous, séparé des autres. Ce que nous faisons aujourd'hui, c'est prendre au sérieux notre propre point de vue.

Bien sûr, la chose importante est la manière dont vous appliquez ceci dans votre vie. C'est vraiment le test. Être éveillé à votre Vraie Nature change-t-il vraiment les choses dans votre vie ? Je dis que oui. Par exemple, quand je vous regarde et remarque que j'ai votre visage au lieu du mien, je me rends compte que « Votre visage est le mien. Il n'y a pas de distance. Je suis construit pour être Ouvert pour vous. C'est face à Non-Face ici. Je suis absolument Vide pour vous. Il n'y a rien ici pour barrer votre chemin. » Cela a des implications profondes pour la façon dont nous communiquons avec les autres. Je regarde Phil maintenant et je dis : « Vous avez le visage de Richard au lieu de celui de Phil et j'ai votre visage au lieu du mien. » On appelle cela « l'échange des visages ». « Vous êtes en moi, je suis en vous », est une autre façon de le dire. C'est un remède profond au sentiment d'être séparé, isolé, solitaire. En fait, réaliser que tout le monde est en vous c'est l'amour – voir que vous êtes construit pour être Ouvert aux autres, que vous êtes les autres, est la base de l'amour.

Cet atelier a pour but de nous aider mutuellement à garder cette Conscience au premier plan. C'est contagieux. Aujourd'hui, nous nous contaminons mutuellement avec la conscience de qui nous sommes réellement.

Chapitre 4

L'Œil Unique

Richard : Voici une autre expérience visuelle. Nous en viendrons au non-visuel dans un moment.

Remarquez à partir de combien d'yeux vous regardez. Pourquoi est-ce que je vous pose cette question ? Parce que si vous regardez à partir de deux yeux, alors vous êtes une « chose » et vous êtes séparé du reste du monde. Vous êtes enfermé dans cette chose solide là-bas, votre tête – emprisonné là-bas, dedans. Mais si vous aviez fait une erreur ? Et si vous n'étiez pas emprisonné ? Et si vous n'étiez pas coincé à l'intérieur d'une tête là-bas, regardant à partir de deux petites fenêtres, mais que vous étiez au contraire largement ouvert, en liberté ? Cela vaut la peine de prendre quelques minutes pour voir à partir de quoi vous regardez – si vous êtes en prison ou non ! Si vous faites une erreur fondamentale sur ce que vous êtes au Centre, alors il est probable que votre erreur affectera la façon dont vous communiquez avec les autres, et la façon dont vous vivez – il se peut bien que vous gâchiez toute votre vie !

Observons de manière neuve l'endroit à partir duquel nous regardons pour voir ce que nous sommes. À partir de combien d'yeux regardez-vous votre propre expérience ? Pour tester cela, nous tenons nos mains comme cela et faisons deux trous avec, comme si c'était une paire de lunettes, ou, si vous portez des lunettes, vous pouvez les tenir en face de vous à la place.

Il y a une ligne de séparation entre les deux trous ou lentilles, et dans chaque trou ou lentille il y a une vue différente. Mettez-les lentement sur vous comme si vous mettiez des lunettes. Regardez ce qui arrive à la ligne de séparation. Mettez-les directement sur vous. Qu'est-il arrivé à la ligne de séparation ?

Ellen : Elle a disparu.

James : Les deux trous deviennent un seul.

Richard : Oui. Nous appelons cela l'Œil Unique. Je vois deux yeux dans le miroir, d'autres voient deux yeux quand ils me regardent et je peux en imaginer deux ici – mais je n'en vois qu'Un, unique, ici.

Amenez vos mains au bord du champ de vision – ce que j'appelle « la Vue » – et notez que tout autour de lui vos mains disparaissent dans cette Ouverture, cet Œil Unique. Un grand Œil ! Tout est à l'intérieur de cet Œil. Regardez-vous à partir d'un Œil Unique ?

Participants : Oui.

Richard : C'est une chose percutante d'admettre en public la vérité sur qui nous sommes réellement. Je vous avoue à tous que j'ai un seul Œil ! Je regarde à partir d'une Ouverture unique, tout le monde est dans mon Œil Unique ! Bien sûr, ce n'est pas un « œil » – il n'a pas de couleur ou de forme. « Œil » est un nom commode que je lui donne.

Natasha est une amie qui vit à Moscou. Elle a assisté à plusieurs ateliers, elle a fait cette expérience. Un jour, elle marchait dans la rue et un petit garçon qu'elle ne connaissait pas l'arrêta et lui demanda s'il pouvait lui montrer un tour de magie. Natasha accepta. Il tendit deux pâtisseries en forme de beignets annulaires et déclara : « Je peux faire que ces deux deviennent un ! » « OK, montre-moi », répondit Natasha. Vous pouvez deviner ce qui est arrivé ensuite – il les a mis comme nous venons de le faire avec nos mains. Naturellement Natasha savait ce qu'il voyait. Puis il lui demanda : « Veux-tu essayer ? » Alors elle les a mis et bien sûr elle a vu les deux trous devenir un. Mais, en la regardant, il fut étonné et déçu – « Oh, ça ne marche pas pour vous ! » Je suppose qu'il n'avait pas tout à fait réglé la différence entre lui-même, tel qu'il se voyait avec son Œil Unique, et la façon dont les autres le voyaient avec deux yeux. Peut-être était-ce un moment significatif dans son développement, le moment où il réalisa : « Personne ne peut voir mon Œil Unique, sauf moi ! » Ce n'était pas très loin de dire : « Puisque personne ne peut voir mon Œil Unique, je n'ai pas d'Œil Unique. Tout le monde me dit que j'ai deux yeux – ils doivent avoir raison et je dois me tromper. Alors maintenant j'accepte d'avoir deux yeux. » C'est cela entrer dans la boîte à deux yeux.

Quelle est la grandeur de la vue ?

Regardez deux objets dans la pièce. Vous pouvez comparer leurs tailles. Vous dites que celui-ci est un peu plus large que celui-là, et qu'il est un peu plus grand que celui-là, etc. Tout dans cette salle est soit plus grand, soit plus petit ou à peu près de la même taille que quelque chose d'autre. En ce sens, la taille d'un objet est relative.

Maintenant, soyez conscient de la Vue Entière, de votre Œil Unique. Quelle est sa grandeur ?

Kevin : Il est sans fin.

Richard : Sans fin ! Il n'y a pas de deuxième œil à droite ou à gauche pour le comparer, n'est-ce pas ? Vous ne pouvez pas dire que le vôtre est plus grand que celui de quelqu'un d'autre parce que vous ne voyez pas celui de quelqu'un d'autre. Il n'y en a pas d'autre pour y comparer le vôtre. Votre Œil est incomparable, donc vous ne pouvez pas dire quelle est sa grandeur. Vrai ? Si vous pouviez en voir un autre, alors vous pourriez comparer le vôtre avec celui-là, mais il n'y en a pas d'autre, n'est-ce pas ? Avez-vous déjà vu une autre Vue en dehors de la vôtre ?

Ellen : Je viens juste de saisir !

Richard : Quelqu'un peut-il en voir une autre ? Si oui, où ?

Dale : Je ne vous le dirais pas !

Richard : Vous ne me le diriez pas ! Vous ne pouvez voir qu'un Œil – le vôtre. D'autres personnes vous parlent de leur Yeux Uniques, mais vous ne les avez jamais vus. Dans le bouddhisme tibétain, dans le Dzogchen, on parle de « la Vue ». Qu'est-ce que « la Vue » ? La Vue est ce que vous regardez ! C'est votre Œil Unique. Parce que vous regardez directement la Vue, vous êtes exactement au bon endroit pour voir ce que c'est. Quelle est la grandeur de la Vue ? Vous n'avez pas à chercher sa grandeur dans un livre. Vous n'avez pas à demander à d'autres. Ils pourraient avoir tort ! Vous regardez par vous-même. Pour voir la grandeur de la Vue, mettez vos mains de chaque côté de votre visage – de chaque côté de votre Non-Visage – comme des œillères. Vous voyez que tout est entre vos mains énormes. Votre Œil contient le monde, n'est-ce pas ? Il est grand !

James : Il est aussi grand que l'univers.

Richard : C'est ça, n'est-ce pas ! Ouah !

James : Oui, ouah !

Richard : Ce matin, dans notre groupe Facebook quelqu'un a posté une histoire qui a eu lieu dans une classe de jeunes enfants. On a demandé aux enfants : « Quelle est la plus grande chose du monde ? » Un enfant a dit son père, un autre a dit un éléphant, mais une troisième a dit : « mon œil. » L'enseignant lui a demandé : « Pourquoi ton œil ? » Elle a répondu : « Parce que mon œil contient son papa et l'éléphant et tout. » N'est-ce pas incroyable ?

Dans le film *Jurassic Park*, il y a un grand gars. Il oublie que si vous ne voulez pas être vu par un vélociraptor, vous devez rester immobile parce que, bien que la vue d'un vélociraptor ne soit pas très bonne, il remarque le mouvement. Mais lui il bouge ! Terminé pour lui. Le mouvement attire l'attention. C'est une chose primordiale. Rapprochez vos mains du bord de votre Œil Unique, jusqu'au bord de la Vue et déplacez-les autour. Le mouvement de vos mains attire votre attention droit au bord où elles disparaissent. Faites-les rentrer dans l'Espace puis sortez-les. Je ne pense pas que vous serez en mesure de décrire ce bord adéquatement avec des mots, mais vous en faites l'expérience. Mettez de côté vos suppositions sur la nature de ce bord et regardez comme si c'était pour la première fois, comme un enfant.

La vue est-elle à l'intérieur de quelque chose ?

Regardez un objet devant vous. Quel que soit l'objet que vous observez, il est juste au milieu de votre champ de vision. Vers le bord du champ de vision, les choses deviennent plus vagues et plus floues jusqu'à ce que vous atteigniez la région où vous ne pouvez plus rien voir. Quelqu'un a appelé hier soir cette région « l'horizon des événements » – là où il n'y a rien de plus à voir. En tournant autour de la Vue, à l'intérieur vous ne pouvez voir quoi que ce soit – est-ce vrai ?

Jennifer : Oui.

Richard : Regardez n'importe quel objet dans la salle. Il a une limite et il y a quelque chose tout autour de cette limite. Regardez ce morceau de papier sur le plancher – il y a un plancher tout autour de lui. Il est dans un environnement plus vaste. Tout ce que vous regardez est situé dans un environnement, c'est entouré par d'autres choses. Je regarde Mark – il y a un bord autour de lui. À l'intérieur de ce bord il y a Mark, en dehors de lui se trouve le reste de la salle. Il n'y a pas une partie du bord de Mark où il n'y ait rien au-delà. Il y a des choses tout autour de lui.

Maintenant regardez la Vue Entière, jusqu'à l'horizon des événements. Pouvez-vous voir quelque chose autour de ça ?

Jennifer : Elle est entourée par ce qu'on ne peut pas voir. Par ce que l'on ne voit pas.

Richard : Oui. Je ne vois rien là. Ouah ! Ce n'est pas à l'intérieur de quoi que ce soit, n'est-ce pas ? La Vue Entière est suspendue là dans Rien. Il n'y a pas de crochet en haut qui l'attache à quelque chose au-dessus.

Jennifer : Cela n'a ni frontière ni forme. Il n'y a pas de limite, cela disparaît dans rien.

Richard : Incroyable !

Jennifer : Cela disparaît dans ce Vide.

Richard : Dans le Vide. Nous pouvons appeler ce Vide comme nous le voulons – la Conscience, la Présence, le Grand Esprit, la Terre de la Clarté éternelle, le Silence, le Calme.

Jennifer : Cela n'a pas de limites.

Richard : Vous l'avez dit en public ! Cela n'a pas de limites. Ce n'est pas dans un environnement ! C'est accroché dans le Rien. La

Vue Entière est suspendue dans le Rien. Chaque chose individuelle est dans cette Vue, mais la Vue Entière elle-même est dans le Rien, projetée sur le Rien, se produisant dans le Rien ! Ce n'est pas à l'intérieur de quelque chose. C'est libre. Libre et sans stress – il n'y a rien en dehors de cela qui pourrait faire pression dessus.

David : Tout pend dans l'Abîme.

Richard : Cela flotte dans l'Espace. En même temps, c'est totalement stable. C'est tranquille. Cela ne peut pas tomber quelque part parce qu'il n'y a nulle part où cela pourrait tomber.

Vous allez probablement le décrire différemment. Si mes mots ne marchent pas pour vous, trouvez les vôtres, ou restez simplement dans l'expérience non-verbale.

Et vous n'avez pas à imaginer cela pour le voir. En fait, je ne pense pas que vous puissiez l'imaginer. C'est un désapprentissage plutôt qu'un apprentissage. Un désapprentissage. C'est assez simple pour être simplement regardé, comme un enfant – comme l'enfant que vous étiez.

Dale : J'aime la façon dont vous attirez l'attention sur l'évident. Cela a toujours été manqué.

Une conscience unique

Richard : Oui. Vous n'avez jamais vu une deuxième Vue. Où la mettriez-vous ? J'en garde une deuxième juste ici, vous savez, cachée, pour l'utiliser quand j'en aurai besoin …

Dale : Vous en gardez une de plus, une de rechange !

Richard : Une de rechange, oui !

La seule expérience directe de l'Œil est la vôtre. Dieu est appelé l'Un, l'Unique. Voici notre expérience de l'Unique. Il n'y a qu'une Conscience. Comme c'est évident ! Nous entendons parler de la conscience des autres, mais c'est un ouï-dire, de seconde main. Vous ne faites jamais directement l'expérience de leur conscience. Votre seule expérience de la Conscience est la vôtre – vous qui regardez grâce à cet Œil Unique. Et cet Œil grâce auquel vous regardez n'est pas un œil humain, n'est-ce pas ? C'est divin. C'est l'Œil de Dieu.

Le pouvoir d'honorer

Regardez devant et soyez conscient de votre Œil Unique. Notez que ce que vous regardez est au centre de votre champ de vision. Vers le bord de votre Vue, l'horizon des événements, les choses s'effacent. La Vue devient floue. Maintenant, regardez autre chose – c'est maintenant au milieu de la Vue et c'est dans le foyer de netteté. Ce qui était dans le foyer, il y a un instant, est maintenant hors de ce foyer. Choisissez autre chose et faites-en maintenant le centre du champ de vision. Vous avez le pouvoir de placer tout ce que vous voulez juste au centre de l'univers simplement en le regardant. En ce moment, je fais de votre visage le centre de mon monde. Vous êtes en plein milieu de l'univers. Maintenant, je regarde Mark et je rends le visage de Mark central. Qui fait cela ? Ce n'est pas Richard, c'est l'Unique. En tant qu'Unique vous promouvez quelqu'un au centre du monde. Seul l'Un, l'Unique, seulement vous, pouvez le faire. Quand vous regardez vers *moi* en train de le faire, rien ne se produit, mais quand *vous* regardez quelqu'un, cette personne apparaît au centre du monde.

C'est comme si vous, en tant qu'Unique, étiez un roi ou une reine à la tête d'une cour. Si vous voulez honorer quelqu'un dans votre cour, vous l'amenez sur le devant de la scène, devant tout le monde. À ce moment-là, la personne est honorée d'être seule devant le Monarque. Elle est baignée dans votre regard royal ! Ensuite, vous la renvoyez dans la foule et appelez quelqu'un d'autre sur le devant. En tant qu'Unique, quand vous regardez quelqu'un, vous le promouvez au centre du monde. Celui que vous regardez occupe le centre de la scène. Vous l'honorez de cette manière. Je rends maintenant hommage à Joy. En ce moment, vous êtes maintenant au centre de tout l'univers. Jamais avant ce moment et de cette façon, jamais après ce moment et de cette manière. Maintenant, j'ai promu quelqu'un d'autre – désolé Joy ! Alors jouez ! Faites de quelqu'un ou de quelque chose le centre. C'est une chose respectueuse, qui rend honneur, une chose belle, remplie d'attention. Partout où vous regardez quelqu'un ou quelque chose, vous promouvez cette personne ou cet objet pour en faire le centre du monde. C'est créatif. Voir est créatif.

Chapitre 5

Ne pas saisir la chose

Alex : Je rame. Je ne comprends pas.

Richard : Eh bien, aucun de nous ne comprend vraiment. Mais pouvez-vous voir votre visage ? Non. C'est ça l'expérience.

Alex : Mais tout le monde semble parler de quelque chose d'autre, pas directement à ce sujet.

Richard : Laissez-moi voir si je peux vous rassurer. Ce dont nous parlons, ce sont nos réactions au fait de ne pas voir nos visages. Nous parlons de ce que cette expérience signifie pour nous. Il existe de nombreuses façons de penser à ça. C'est pourquoi j'ai dit au début que nous réagissons tous différemment. Vous pourriez entendre quelqu'un dire : « C'est étonnant ! », mais *vous*, vous ne trouvez pas cela étonnant. Si c'est ce que vous pensez, je tiens à vous rassurer que, même si c'est le cas, vous avez saisi l'expérience – vous ne pouvez pas voir votre visage. C'est cela l'expérience. Donc j'espère que vous pourrez garder un esprit ouvert ; puis, pendant la journée, voyez si oui ou non cela signifie quelque chose pour vous. D'accord ? L'expérience est que vous ne pouvez pas voir votre visage et nous allons examiner cette expérience de diverses manières.

William : Vous venez de décrire ma première réaction. Je ne l'ai pas vu. J'ai pointé du doigt et j'ai pensé : « C'est idiot. Ça ne marche pas. » J'ai essayé à nouveau. Cela ne m'a rien fait. Ça n'a pas fait « boum ». Puis, deux jours après, j'ai essayé de pointer à nouveau. Finalement, cela a été absorbé, je ne peux pas vraiment l'expliquer.

Richard : Nous allons aborder ça sous différents angles et vous pourrez voir ce qui se passe. À la fin de la journée, si cela ne signifie rien pour vous, au moins vous aurez rencontré des gens étonnamment amicaux ! Et le café est bon !

Chapitre 6

L'expérience de la carte

Première partie – Le miroir

Richard : Nous allons faire l'expérience de la carte. Tout le monde a-t-il eu une Carte avec un trou ?

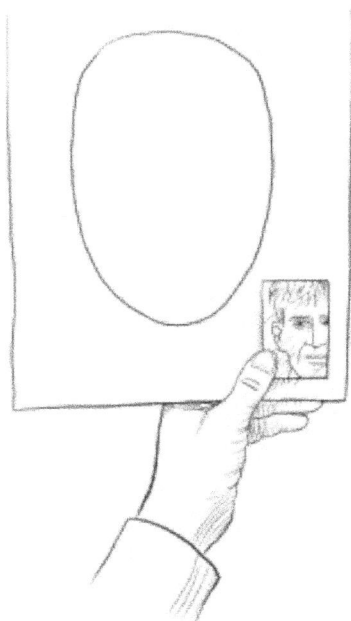

Tenez votre carte à bout de bras et regardez dans le miroir – vous y voyez votre visage. Le miroir révèle deux vérités. La première vérité est ce à quoi vous ressemblez le dimanche matin ! Je suis sûr que vous êtes tous heureux de voir là un visage lumineux et frais ... La deuxième vérité est de voir *où* est cette image, où ce visage est-il – n'est-il pas *là-bas dans le miroir*, au bout de votre bras ? Je ne vois pas de visage ici *à l'autre extrémité de mon bras* proche de moi.

Le miroir vous montre ce à quoi vous ressemblez à bout de bras. C'est à peu près ce que les autres voient quand ils vous regardent de cette distance.

Rapprochez votre miroir de vous en le gardant à mi-chemin.

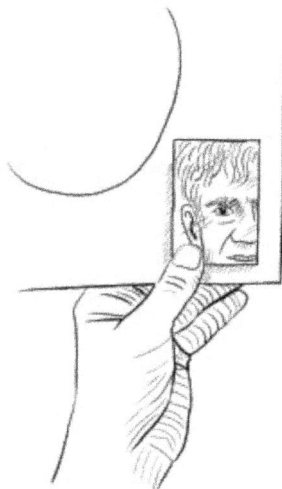

C'est votre apparence à cette distance.

Rapprochez-le encore – vous voyez un œil énorme. Rentrez en contact avec le miroir – vous voyez quelque chose de flou. Maintenant, redéplacez votre miroir au bout du bras.

Laquelle de ces apparences êtes-vous ? Eh bien, toutes. Chacune est vous-même à une distance différente. Votre miroir vous montre que votre apparence change avec la distance. Posez la carte un instant.

Si nous pouvions placer un miroir de grande taille de l'autre côté de la pièce, vous verriez là-bas tout votre corps. Le miroir vous aiderait à vous voir à cette distance. Ce que vous verriez serait similaire à la manière dont vous apparaissez aux autres à cette distance. Il y a une zone autour de vous où votre corps se manifeste, dans les miroirs et chez les autres.

Imaginez un énorme miroir d'environ dix mille mètres de haut dans le ciel – vous verriez Levittown en bas là-bas. C'est votre apparence à cette distance – votre visage urbain, votre corps urbain. Vous avez besoin de cette strate – vous avez besoin des systèmes d'eau et d'égouts, du réseau électrique, des routes et des bâtiments ... Nous ne pouvons pas exister en tant qu'individus sans ce corps plus grand. Imaginez que vous regardiez dans un miroir encore plus loin, disons sur la Lune – vous verriez la Terre là en bas. C'est votre visage planétaire – se manifestant à cette distance. De près, vous avez un visage humain, à cette distance-là vous avez un visage planétaire. Ils sont tous deux vos visages. Nous ne pensons pas normalement comme cela, mais c'est logique de penser comme cela. C'est également assez merveilleux d'avoir un visage planétaire, un corps planétaire. Vous en avez un, vous pourriez aussi bien le posséder ! Vous avez également un corps solaire. À une distance de plusieurs années-lumière, vous êtes une étoile ! Plus loin encore, vous avez un corps galactique. Pourquoi ne pas dire oui à votre beau corps aux nombreuses strates ?

Carol : Si vous avez une journée où vous êtes de mauvais poil, vous pouvez vous dire que vous êtes une étoile !

Richard : Oui ! C'est amusant aussi bien que beau. Et c'est vrai également. Le miroir est un ami. Il vous montre ce que vous êtes, non pas seulement à bout de bras, mais, du moins en théorie, à des distances plus éloignées et plus rapprochées. Il nous aide à voir ce beau corps aux nombreuses strates que nous avons.

Alors, voici une question : « Qu'est-ce qui est au centre de toutes ces strates ? » En d'autres termes, « Qui suis-je vraiment ? Qui suis-je au Centre, à la distance zéro ? » Quelqu'un me parlait d'une vieille chanson dans laquelle le chanteur chantait quelque chose comme : « Je suis allé à Londres, à New York, à Paris et Sydney, mais je ne suis jamais allé à *moi*. » Eh bien, cet atelier se propose de me visiter « moi ».

Pourquoi est-il important de « se rendre visite » – de porter un regard neuf sur vous-même ? Parce que vous êtes votre instrument de vie. Si vous avez un travail à faire, il est important d'avoir le bon outil. Il n'est pas bon de prendre une scie si vous voulez planter un clou. Vous pourriez vous blesser. De la même façon, si vous vous trompiez sur votre identité, votre outil de vie, il ne serait pas surprenant que votre erreur vous fasse du mal, à vous et à autrui. Il est donc important de savoir qui vous êtes vraiment. Puis le but sera de vivre consciemment à partir de votre Réalité – non de vous en souvenir, ou simplement de vous divertir à l'idée de votre Moi, ou d'y croire, ou de vouloir que ce soit soit vrai – mais de réellement la vivre comme une Réalité. C'est cela la chose qui importe – la vivre, ça change tout.

La question que nous nous posons aujourd'hui est : « Quel est mon outil, mon instrument de vie ? Qui est au Centre de toutes mes strates ? » Le miroir et d'autres personnes peuvent vous dire ce que vous êtes de loin – votre beau corps multi-stratifié – mais ils ne peuvent pas vous dire ce que vous êtes au Centre, parce qu'ils ne peuvent pas y arriver. Mais vous, vous êtes dans votre Centre de sorte que vous êtes parfaitement placé pour voir ce que vous êtes là. C'est un secret bien gardé. Or tout ce que nous avons besoin de faire pour découvrir ce secret, et voir ce que nous sommes au Centre, est de regarder là, ce qui est le but de ces expériences.

Deuxième partie – le trou

Regardez le trou dans la carte. C'est un trou ovalisé. Parce que c'est un trou où vous pouvez adapter ce que vous voulez à l'intérieur. Remarquez ce qui se trouve à l'intérieur du trou maintenant – une partie de la pièce. Le reste de la pièce est en dehors du bord de la Carte.

Maintenant approchez le trou à mi-chemin vers vous et notez ce qui se passe – il devient plus grand. Davantage de la pièce s'adapte à l'intérieur. Rapprochez-le encore et et il devient encore plus grand. Continuez à le rapprocher de vous et observez ce qui se passe – les côtés du trou s'écartent, le haut et le bas disparaissent.

Puis finalement, quand vous la mettez directement sur vous, la Carte disparaît complètement et il n'y a aucune limite au trou. Est-ce vrai ?

Il n'y a plus aucune frontière ! Vous avez simplement dirigé votre attention tout du long vers cet Espace Ouvert – cet Espace Ouvert qui est rempli de tout.

Gardez votre Carte sur vous et regardez autour les autres personnes qui sont ici. Elles ont toutes des Cartes qui encadrent leurs visages et elles ont toutes l'air bête, n'est-ce pas ? Mais il y en a un dans la pièce qui n'a pas été encadré, et qui n'a pas l'air bête.

Jeffrey : Merci !

Richard : C'est vrai, n'est-ce pas ? Avez-vous été encadré ? Non ! Levez votre main si vous n'avez pas l'air bête ! [Tout le monde lève la main.] Vous seul n'avez pas été encadré, vous seul n'avez pas l'air bête ! Vous n'êtes pas dans une boîte, vous n'êtes pas contenu dans une Carte ni à l'intérieur de quoi que ce soit. Vous êtes libre.

Jeffrey : Ce qui est net, c'est ce contraste remarquable entre les trous dans les Cartes des autres qui sont remplis de choses solides – leurs visages – et le mien qui n'est rien, qui est vide. C'est remarquable.

Richard : Un contraste total. Quelle chance on a d'être celui qui n'est pas rempli ! Quelle chance ! Il n'y a qu'un qui puisse passer par cette Porte Magique pour accéder au Ciel. Un seul. Vous ne pouvez pas aller au Ciel en étant une personne, vous ne pouvez accéder au Ciel qu'en étant Dieu. Seul Dieu vit dans le Ciel. Bon, c'est une métaphore, une façon pittoresque de le dire. Prenez à nouveau la Carte. Qui peut passer par cette Porte Magique pour rentrer dans un Ciel sans limites ? Rapprochez la Carte de vous et mettez-la. Qui l'a traversée pour rentrer dans cet Espace sans limites, dans cette Capacité qui contient cet univers glorieux ? Seule une Non-Chose la traverse. Seul vous, pouvez passer à travers. Les autres, ces visages là-bas, ne la traversent pas. Ils restent bloqués dans la porte.

Eileen : C'est pourquoi le mot « immensité » est utilisé si souvent parce que c'est vaste !

Richard : Oui, c'est un bon mot pour ça.

Eileen : Pas de frontière.

Richard : N'est-il pas agréable de célébrer cela ensemble avec des voix différentes.

Voici un tour de magie que vous pouvez réaliser – vous pouvez faire apparaître la Carte de nulle part. Retirez la Carte. Elle vient de nulle part. C'est extra, non ?

Inconditionnellement ouvert

Répétons cette expérience. Regardez le trou. C'est un trou ovale. Il est assez petit. Parce qu'il est vide, vous pouvez le remplir avec n'importe quoi. J'y rentre le plancher, mais maintenant j'y rentre une personne, et maintenant une image. Il ne refuse rien. Il ne dit « non » à rien. Il ne dit pas : « Je vais dire "oui" au plancher, mais "non" à cette chaise. » Il est ouvert. Inconditionnellement ouvert.

Lentement, mettez-vous la Carte dessus. Maintenant, la Carte a disparu. Il ne reste plus que cet Espace illimité. Vous voyez que l'Espace où vous êtes est inconditionnellement Ouvert. Vous êtes inconditionnellement Ouvert pour tout ce dont vous faites l'expérience.

Retirez maintenant la Carte. Vous êtes toujours inconditionnellement ouvert.

Revêtir l'immortalité

Ian : Je regarde dans le miroir et je vois que ce type vieillit.

Richard : Mais ce n'est pas le cas pour l'Unique.

Ian : Celui-ci est toujours exactement le même.

Richard : N'est-ce pas merveilleux ?

Ian : C'est un soulagement. Je suis plus inquiet pour lui, celui-qui-est-dans-le-miroir !

Richard : Vous devriez l'être ! Celui-qui-est-dans-le-miroir a des rides – bon, pour la plupart d'entre nous, pas pour nous tous ! Mais l'Unique ici n'a pas de rides. C'est la meilleure chirurgie esthétique – elle supprime toutes les rides en un éclair ! Celui-qui-est-dans-le-miroir est né et mourra. En fait, nous avons appris que nous sommes mortels. Vous rappelez-vous la première fois que vous avez réalisé que vous alliez mourir ? Certaines personnes s'en souviennent. Vous réalisez que vous êtes mortel. Vous vous mettez ce visage mortel que vous voyez dans le miroir et passez à côté de votre immortalité centrale. Pour tout le reste de votre vie, vous êtes sous l'impression, l'illusion, que vous êtes mortel. Mais maintenant, nous pouvons voir que, au Centre, nous ne sommes pas mortels. Maintenant nous pouvons vivre notre vie humaine fragile, mortelle à partir de cette Source immortelle ! Fantastique ! À présent nous pouvons regarder dans le miroir et dire : « Dieu merci, je ne suis pas comme ça ! »

Voyage vers chez soi

Nous allons faire cette expérience une fois de plus. C'est un voyage unique – de la région de votre apparence à votre Réalité. Vous voyagez vers chez vous et qui vous êtes vraiment. Mettez lentement la Carte sur vous. En regardant le trou qui vient vers vous, faites bouger votre attention avec lui, en arrière vers l'endroit à partir d'où vous regardez. Continuez à regarder. Ne vous préoccupez pas de ce que les autres voient, ils sont là-bas en train de regarder votre apparence alors que vous êtes ici regardant votre Réalité. Lorsque vous regardez attentivement tout le long du chemin vers chez vous avec la Carte, vous voyez que vous n'avez pas l'air bête pour vous-même. Vous savez que vous paraissez bête aux autres là-bas, mais ici vous êtes propre, clair, ouvert, libre, illimité, rempli de tout. Ne vous laissez pas nier votre ampleur, votre immensité, votre immortalité, votre richesse. Ne laissez pas les autres nier votre incroyable noblesse. Votre Vrai Moi est illimité, intemporel, riche, puissant, beau. Nous sommes forcés de nier la vérité, nous abandonnons notre pouvoir, nous laissons les autres nous dire qui nous sommes. Maintenant, nous reprenons notre pouvoir de la manière la plus simple – simplement en regardant et en continuant à regarder. Vous rééquilibrez les réactions que vous recevez des autres par l'expérience de qui vous êtes réellement. Vous êtes Ouvert. Rien ne colle à vous. Si quelqu'un dit que vous paraissez bête, maintenant vous pouvez dire : « Eh bien, je vous parais bête *là-bas*, mais *ici* je ne parais pas bête. Ce que vous dites de moi ne colle pas à ce qu'il y a *ici*. » Est-ce vrai ?

Teresa : Absolument. La manière dont vous me voyez est *votre* problème.

Richard : Oui, c'est vrai. Ou ma joie. Maintenant vous êtes chez Vous. Vous avez fait ce voyage incroyable depuis cette région où votre apparence se manifeste à votre Réalité centrale qui est tranquille, silencieuse, sûre, ouverte, remplie de tout. C'est le plus grand voyage – depuis quelque chose qui est né et qui mourra vers ce qui n'est jamais né et ne mourra jamais.

Maintenant vous voyez qui vous êtes vraiment. Vous avez saisi. Vous ne pouvez pas ne pas saisir cela. Vous le saisissez complètement – vous ne pouvez pas le saisir à moitié. Et personne ne peut le saisir mieux ou moins bien que vous.

Teresa : Au revoir !

Richard : Au revoir ! Oui, c'est ça, vous avez saisi. Vraiment ! Vous pouvez rentrer chez vous maintenant.

Ce n'est pas avant tout pour comprendre. Comprendre est important, mais surtout, il s'agit d'en faire l'expérience. Votre Vrai Moi est toujours disponible. Il est ce que vous êtes. Il est libre. Il est très gentil car il ne se cache pas. Si vous voulez cacher votre Vrai Moi, mettez-le dans l'endroit le plus évident – l'endroit à partir duquel vous regardez ! Qui y aurait pensé ? Vous dites : « Ça ne peut pas être vrai ! » Eh bien, testez-le ! Jetez-y un regard et voyez si c'est vrai ou pas. Ne me croyez pas. Ne croyez personne, regardez par vous-même.

Chapitre 7
Expérience l'Œil fermé

Cette expérience explore ce que nous sommes les yeux fermés, mais nous allons la commencer les yeux ouverts. Soyez conscient de votre Œil Unique. Soyez conscient que vous ne pouvez pas dire à quel point votre Œil est grand, parce que vous n'en voyez pas un deuxième pour le comparer. Et votre Œil n'a rien autour de lui – il n'est pas contenu à l'intérieur de quelque chose de plus grand, il est juste suspendu magiquement dans le Rien. La Vue disparaît complètement dans le Rien. Soyez conscient de ces deux aspects – votre Vue est la seule Vue, de sorte que vous ne pouvez pas dire à quel point elle est grande, et elle n'est pas à l'intérieur de quelque chose.

Détruire le monde

Fermez vos yeux. La pièce a disparu. Vous voyez une obscurité. Quelle est la taille de cette obscurité ? Je n'en trouve pas une deuxième à droite ou à gauche pour la comparer. Il n'y en a qu'une seule. Vrai ? L'obscurité est-elle contenue à l'intérieur de quelque chose ? Non.

Ouvrez vos yeux. Qu'est-ce qui change ? La vue vers l'extérieur change de l'obscurité quand on revient vers la pièce mais la vue intérieure ne change pas, n'est-ce pas ? Dans la direction extérieure, il y a la pièce et de cette manière, en regardant vers le dedans, il n'y a Rien. Faisons le geste du pointage bidirectionnel à nouveau – il aide à ramener notre attention sur ces deux directions. Dans cette direction là-bas, il y a la pièce et dans cette direction ici il n'y a toujours Rien. Quand vos yeux sont fermés, dans cette direction là-bas il y a l'obscurité, mais dans cette direction ici il n'y a toujours Rien. Fermez vos yeux. Maintenant, il y a de l'obscurité là-bas, mais Rien ici. Ouvrez vos yeux. Maintenant, la pièce réapparaît dans le Rien. C'est magique ! La vue vers l'extérieur change mais la vue vers le dedans ne change pas. Quand je ferme les yeux, je détruis la pièce, quand j'ouvre les yeux, je la recrée. Vous dites : « Richard, vous venez simplement de fermer et d'ouvrir les yeux. » C'est ce que je fais pour vous, mais de mon point de vue, je suis magiquement en train de détruire et de recréer la pièce. Fermez vos yeux – c'est parti ! Ouvrez vos yeux – c'est de retour ! Vous pouvez faire apparaître et disparaître les choses.

Vous pourriez vous demander « à quoi cela sert-il de pouvoir faire ça ? » Je vous dis : « En public, cela ne sert à rien, mais en privé, cela confirme mon identité. C'est une chose intérieure. Cela confirme pour moi qui je suis vraiment. Eh oui ! Voici un de mes pouvoirs ! » Alors, exercez votre pouvoir et détruisez la pièce ! Maintenant, recréez-la !

Lorsque vous vous éveillez à qui vous êtes réellement, vous vous éveillez au fait vraiment étonnant que vous êtes l'Unique. Vous ne pouvez pas obtenir mieux que d'être Dieu ! Vous êtes l'Unique, vous êtes l'Être. Cela devrait vous faire dresser les poils à l'arrière du cou. « Être » est un petit mot pour ce Mystère et cette Réalité incroyables que vous êtes. C'est tellement super, mais c'est très humble parce que ce n'est rien. Cela devient grand en étant humble. C'est vrai, n'est-ce pas ? La seule façon de parvenir à cette Grande Gloire, c'est de n'être rien.

Des sons

Fermez les yeux à nouveau. Soyez conscient des sons. Vous pouvez distinguer différents sons. Vous pouvez entendre ma voix. Maintenant, vous pouvez entendre quelqu'un bouger sur une chaise. Vous pourriez aimer certains sons, vous pourriez ne pas en aimer d'autres. Certains sont bruyants et d'autres doux. En écoutant attentivement, j'entends des sons de plus en plus faibles. Enfin, il y a une région où je n'entends plus rien. Il y a là un « horizon des événements ».

Au-delà du plus léger bruit, il y a un endroit où vous n'entendez rien. Ou alors vous pourriez dire que vous entendez le Silence. Bien sûr, Silence est un mot pour quelque chose qui n'est pas une chose. C'est une Non-Chose, une Capacité, une Conscience. Tous les sons que vous pouvez entendre traversent ce Silence, sortent de ce Silence ou y tombent.

Quelle est la grandeur du champ sonore ? Il n'y en a pas un deuxième pour le comparer, n'est-ce pas ? Il n'y a qu'un seul champ sonore.

Tout le champ du son est-il contenu à l'intérieur de quelque chose ? Pas dans mon expérience.

Les sons se produisent-ils dans une Capacité différente de la Capacité dans laquelle se trouve l'obscurité ? Non. Les bruits et l'obscurité se produisent ensemble dans ce Silence, cet Espace, cette Conscience sans limites. Les sons et l'obscurité sont en vous.

Vous n'avez pas à comprendre cela ou y penser d'une manière particulière. L'expérience est non verbale, non conceptuelle.

Ouvrez vos yeux. Les sons continuent à se produire dans le Silence, n'est-ce pas ? Tous les sons sont en vous. Donc, vous entendez ma voix, puis – ayons une petite conversation comme expérience – vous entendez la voix de Dale ...

Dale : Bonjour, Richard !

Richard : Les deux voix sont en vous, n'est-ce pas ? Comme j'ai grandi en m'identifiant à Richard et non pas à Dale, je sais que c'est ma voix et que l'autre voix est celle de Dale. Mais maintenant que je vois qui je suis vraiment – et en entendant qui je suis réellement – je suis conscient que les deux voix sont à moi. J'apprécie d'avoir deux voix ! [Les gens rient.] Maintenant j'ai de nombreuses voix !

Vous êtes en train d'inclure les autres. Vous êtes les autres. Vous n'êtes pas seulement en train de voir les autres en vous, vous entendez aussi les autres en vous. De nombreuses voix dans une Conscience Unique. C'est une autre façon d'écouter. C'est une écoute inclusive. C'est un Rien, une Non-Chose, si intéressante – c'est un Rien, une Capacité, un Silence qui vit. Vous ne devenez pas seulement toutes ces couleurs et formes, vous devenez tous ces sons aussi, moment après moment. Vous parlez maintenant avec la voix de Richard. C'est amusant ! Et tous les sons que vous entendez sont mystérieusement, magiquement, issus du Silence où vous êtes et ils s'y redissolvent. Sans que vous sachiez comment, sans que vous le contrôliez, sans que vous fassiez d'effort.

Dale : J'apprécie la façon dont vous exprimez cela. Cette image là-haut sur le mur est de l'art zen – des pins dans la brume. C'est l'expression zen de ce vers quoi vous pointez – ces pins sortent de la brume.

Richard : Oui ! Tout sort de la brume du Rien, n'est-ce pas ! Quelle incroyable créativité ! En tant que celui-dans-le-miroir, nous sommes plus ou moins créatifs selon ce que la société considère comme créatif. Peindre une image peut-être. D'accord, c'est super. Mais en tant cet Unique ici, vous ne pouvez pas arrêter de créer ! Tout sort de vous, hors de la « brume ». Tout est frais, sans effort, surprenant, nouveau, venant de toutes les directions.

Faisons un cercle et disons nos noms. Dire nos noms est l'occasion d'entendre nos nombreuses voix qui surviennent dans le Silence Unique. Vous parlez avec de nombreuses voix. Cela n'a pas à être une expérience époustouflante, soit dit en passant. C'est une chose naturelle et normale. Alors profitez-en. Nous y voici –

Richard ... [Tout le monde dit son nom.]

Dale : C'est comme un orchestre.

Richard : N'est-ce pas fantastique. C'est une façon différente de rencontrer vos amis. Vous aimez être eux. Cela ouvre le monde à nouveau. Tous ceux à qui vous parlez, une personne dans un magasin ou dans la rue, votre femme ou votre mari, vos enfants, vous pouvez les embrasser de cette manière profonde, sans interférence – parce que la manière de devenir les autres, c'est de n'être Rien. Vous ne les devenez pas en vous imposant. Vous leur faites place, vous disparaissez en leur faveur.

Charles : Cela a vraiment résonné quand nous avions les yeux fermés la première fois ; nous écoutions et alors vous avez dit d'ouvrir nos yeux. Tout à coup, les bruits et la pièce se sont mélangés.

Richard : Tout se mélange, n'est-ce pas ?

La sensation

Fermez les yeux à nouveau. Soyez conscient de vos sensations corporelles. Vous aimez certaines sensations et d'autres pas. Certaines sont au premier plan, certaines à l'arrière-plan. Certaines sont fortes, d'autres faibles – vous en êtes simplement conscient. Puis, au-delà de la plus faible de toutes les sensations, il y a une région où vous ne sentez rien. Là est à nouveau le Rien. L'Espace contient les sensations. C'est une sorte d'engourdissement alerte qui contient ce champ sans limites de la sensation changeante – le contient, n'est-ce pas, et n'est pas séparé de celui-ci. Je peux nommer cette sensation « ma main » et celle-là « ma tête » et celle-là encore « mon orteil », mais cette dénomination survient dans le Rien également.

Quelle est la grandeur de tout ce champ de la sensation ? Je ne trouve pas de deuxième champ de la sensation pour le comparer. En trouvez-vous un ? Non.

Et je ne trouve pas ce champ unique de sensations donné dans un champ plus grand. Je ne le trouve pas à l'intérieur de quelque chose d'autre. C'est dans le Rien, la Non-Chose, dans cette Capacité sans limites et sans forme.

Ce champ de la sensation se produit dans la même Capacité que tous les sons et l'obscurité. Tout arrive ensemble dans la Conscience Unique.

Nous nous identifions aux sensations corporelles. Donc, si je dis que je ne sais pas quelle est la grandeur du champ de la sensation, je pourrais aussi facilement dire : « Je ne sais pas quelle est ma grandeur. Je ne suis pas contenu à l'intérieur de quoi que ce soit. Je suis sans limites. Je flotte dans le Rien, apparaissant et disparaissant dans le Rien. Je suis en train d'émerger miraculeusement de la "brume". » Ce sont des mots. L'expérience est non verbale, de sorte que vous pouvez la décrire comme vous le souhaitez.

Ouvrez vos yeux. Vous continuez à être conscient de vos sensations corporelles. Le champ de la sensation – se produit-il dans une Capacité différente à partir des couleurs et des formes de la pièce ? Il n'y a qu'une seule Capacité. Pouvez-vous dire quelle est la grandeur du champ de la sensation maintenant, avec les yeux ouverts ? Est-il contenu dans quelque chose ? Le mien ne l'est pas. Mes sensations corporelles se mélangent avec la pièce. Je suis grand, je suis en liberté. Est-ce vrai pour vous ? Être en liberté est très bon pour votre corps. C'est naturel. C'est sain. C'est comme ça que, bébé, vous êtes venu au monde. En grandissant, nous apprenons à nous voir de l'extérieur et nous nous contractons – nous volons toutes nos sensations au monde là-bas et les stockons dans une « boîte » ici. Puis nous nous demandons pourquoi nous nous sentons stressés. Mais maintenant, je me réveille à mon point de vue et je redécouvre que mes sensations sont partout. Le monde est rempli de sensations. Le monde est vivant. Je suis libre, non séparé du monde. Tout se produit dans cet Espace Unique, cette Conscience. Il n'y a rien en dehors de moi, qui soit au-delà de moi, contre moi.

Soyez conscient de votre respiration. Où a lieu votre respiration ? A-t-elle lieu à l'intérieur de quelque chose, est-elle contenue dans quelque chose ? Ce rythme ne se produit-il pas dans le Rien Conscient ? Si vous dites qu'il est dans votre corps, où est votre corps ? Dans le champ de vision ? Et où est le champ de vision ? Flottant dans le Rien ! Votre respiration n'a-t-elle pas lieu dans cette Capacité éveillée sans limites où vous êtes? N'est-elle pas dans l'Unique, dans ce Rien mystérieux, indescriptible, ce Silence, ce Vide, dans cet Espace où tout se manifeste ?

David : C'était incroyable, quand vous avez tout mis en perspective. Mais quand vous avez dit : « Soyez conscient de votre souffle », utiliser le mot « votre » a tout rétréci. Mais alors, quand j'ai enlevé le mot « votre », il y a juste eu le souffle. La sensation. Lorsqu'on prend des mots comme « mon », « vôtre », « je », cela fait partie de la Vue Entière.

Richard : Oui, je comprends. Mais puis-je vous contester là-dessus ? Soyez conscient de votre respiration – non, désolé, soyez conscient de « la » respiration – dans l'Espace. Maintenant, soyez conscient du mot « le ». Le mot « le », le son et l'image ou quoi que ce soit, se trouve dans l'Espace, n'est-ce pas ? Maintenant, le mot « votre » – est-il dans l'Espace ?

David : Vous m'avez eu. Oui.

Richard : Donc, l'utilisation d'un mot ne vous empêche pas d'être conscient de l'Espace. Au sein de cette Conscience, à un moment il peut y avoir une sensation qui vient au premier plan, au centre de ma Conscience, puis dans l'instant suivant, c'est un son ou quelque chose d'autre, bouillonnant, apparaissant et disparaissant. Mais cette Conscience, l'Espace en lequel tout cela arrive, ne change pas. Il est constant.

Alex : Je trouve qu'il est plus facile pour moi de voir que je suis en liberté par la vision et l'audition que par les sensations corporelles.

Richard : Je vous suggère de vous familiariser avec les parties que vous trouvez faciles, puis de laisser cette conscience filtrer progressivement dans les parties qui semblent ne pas être aussi faciles. Cela fait partie de la joie de tout cela, de cette aventure – tout ne se met pas en place d'un coup dans la compréhension. C'est un développement graduel pour nous tous. Mais quand vous commencez à acquiescer à la simple vérité que vous êtes libre, que vos sensations se confondent avec le monde, cela soigne tellement bien, c'est si libérateur, si sain pour vous physiquement.

Pensées et sentiments

Fermez vos yeux et soyez conscient de vos pensées et de vos sentiments. Comptez jusqu'à cinq lentement. Imaginez les nombres qui apparaissent dans l'obscurité. Maintenant, souvenez-vous de ce que vous avez eu pour le petit déjeuner. Maintenant, pensez à quelqu'un que vous aimez et soyez conscient de votre affection pour cette personne. Ou pensez à un problème dans votre vie et à ce que vous ressentez à ce sujet. Pensées, images, sentiments – cela change tout le temps. Vous en aimez certains et d'autres pas. Certains apparaissent grands, certains petits.

Prenez maintenant conscience de tout le champ de la pensée et du sentiment, à ce que nous pourrions appeler « le champ de l'esprit », ou plus simplement, votre esprit. Quelle est sa grandeur ? Je ne trouve pas de deuxième champ pour le comparer au premier. Je ne peux pas dire quelle est la grandeur de mon esprit.

Des pensées et sentiments sont clairs, au centre de votre champ d'attention, tandis que d'autres sont vagues, quelque part autour du bord. Certains, vous ne pouvez en saisir qu'un aperçu, comme un faible scintillement de lumière. Peut-être en avez-vous un vague souvenir. Ça, c'était quoi ? Vous ne pouvez pas tout à fait vous en souvenir. Ce sont de vagues pensées et images au bord même de votre esprit. Puis, au-delà de ce bord, vous n'avez pas conscience d'autres pensées. C'est hors de portée. Ou, pourrait-on dire, au-delà de la plus faible pensée, c'est la région où la pensée s'efface dans la non-pensée, dans le Non-Esprit. Toute cette activité mentale se produit et se manifeste dans ce Non-Esprit illimité, cette Conscience, ce Silence. Devez-vous cesser de penser pour faire l'expérience de ce Non-Esprit ? Non ! C'est là où votre pensée survient. De même que des sons surgissent magiquement de ce Silence, vos pensées émergent de ce mystérieux Non-Esprit, de cette Vacuité infiniment créative. Puis elles se redissolvent dedans. Les pensées n'obscurcissent pas le Non-Esprit, elles se produisent en lui.

Vos pensées et vos sentiments sont-ils séparés du reste de votre expérience, du reste du monde ? Vous entendez le trafic. En même temps que ce son, vous pourriez avoir une image d'une voiture, surgissant dans le Non-Esprit. Votre image mentale de la voiture, est-elle dans une Capacité séparée du son physique ? Pas dans mon expérience. L'image et le son surviennent tous deux dans une seule Capacité. Est-ce que le son est « là-bas » alors que votre pensée à son propos est « ici » ? Quand je prends conscience de la pensée de la voiture, je ne vois pas de ligne de démarcation entre mon image de la voiture et le son de la voiture. Maintenant vous pouvez entendre une cloche qui sonne. Vos réactions au son de cette cloche sont-elles séparées du son de la cloche ?

Ces mots rendent le son compliqué tandis que l'expérience est simple et évidente. Quand je dis que tout cela se passe dans cette Capacité unique, dans la Conscience, on a comme l'impression qu'il y a deux choses – la Conscience et ce qui se passe dans la Conscience. Mais il n'y a pas deux choses – seulement une. Mais, comme nous avons saisi l'expérience, nous n'avons pas à nous soucier trop des mots que nous utilisons.

Ouvrez vos yeux – recréez la pièce dans le Rien ! Avec les couleurs et les formes surgissant dans le Rien, avec les sons et les sensations, il y a des pensées et des sentiments.

Vos pensées et vos sentiments, ainsi que vos sensations, ne fusionnent-ils pas avec la pièce ? Mes pensées ne sont pas dans une sorte de conteneur ici, séparé de la pièce là-bas. Mes pensées concernant le tapis ne sont pas ici dans ma tête, séparées du tapis de quelques dizaines de centimètres. Le tapis, mes pensées, les sentiments, les sons – tous se passent ensemble dans cet unique Espace sans tête. Je dis que je pense, mais je pourrais aussi facilement dire que c'est la pièce qui pense. Ou que je suis l'Unique qui pense. Il est intéressant de voir ce que pense l'Unique, n'est-ce pas ? Vous observez les pensées changeantes de l'Unique comme vous le faites du temps qui change. La pièce est vivante avec des pensées, des sentiments et des sensations en constante évolution. Ils éclatent en sortant du Nulle Part, n'est-ce pas ? Tout sort du Nulle Part sans que personne ne tire les ficelles.

Nous avons régulièrement des réunions vidéo en ligne. Ce matin, quelqu'un disait que les pensées sont comme la pluie. C'est remarquable – parce que la pluie n'est pas en moi, elle est là-bas dans le monde. Ainsi, cette image indique que le monde est saturé de pensées et de sentiments, que les pensées sont là-bas, pas ici. Ici dans l'Espace, on est au sec ! Il n'y a pas de pluie ici. C'est une belle image – le monde est trempé de pensées et de sentiments ! Cela traduit l'idée que c'est un monde vivant, pensant, respirant, ressentant. L'univers est vivant. Un univers vivant serait un univers pensant, sentant, respirant, n'est-ce pas ? Je vérifie maintenant qu'il l'est !

Mark : Voir qui l'on est vraiment est comme tenir un parapluie sous la pluie.

Richard : Oui ! Le parapluie de votre vraie nature ! Il vous garde au sec. Là-bas il pleut, mais comme la pluie n'affecte pas votre Vraie Nature, ce n'est pas un problème. Le monde est trempé de sentiments et de pensées. Est-il exact que vos pensées sur moi se mélangent maintenant avec moi ? Oui. Vos pensées sur ce qui se passe maintenant sont dans la pièce. C'est un atelier qui pense et qui ressent. C'est une manière différente de penser à propos des choses. Et elle vous permet de penser librement d'une nouvelle manière. Elle libère la pensée de la boîte où vous aviez imaginé qu'elle était – la boîte de votre tête. Cette libération de vos pensées vous ouvre à plus de créativité. Vous voyez votre pensée et vos réactions qui émergent dans le Non-Esprit – vous êtes Ouvert, vous sortez du Rien. Le Non-Esprit pense maintenant et le Non-Esprit est illimité.

Les enfants savent que leur esprit est libre. Eh bien, ils n'ont pas encore appris qu'il était empaqueté, séparé du monde. Quand vous êtes enfant, vous pensez dans votre cahier d'exercices – jusqu'à ce que vous appreniez que vous êtes censé le faire ici dans votre tête. Il est plus facile de penser là-bas dans votre cahier d'exercices – c'est moins encombré. Il y a plus d'espace là-bas. Il est plus difficile de penser dans le petit espace de votre tête. Laissez vos idées surgir dans votre cahier d'exercices, magiquement – laissez votre écriture surgir là-bas sur la page. Laissez vos idées se développer et sortir du Non-Esprit quand vous parlez – vous n'avez pas à les avoir toutes prêtes dans un esprit imaginaire ici. Votre esprit n'est pas ici de toute façon. C'est ça le problème – penser qu'il est ici, dans votre tête. Non. Il n'y a que le Rien ici – ce Rien incroyablement créatif. De ce Rien surgit l'univers, trempé de pensée. Il pleut des pensées – poétiques, belles. Il pleut des pensées. C'est une sacrée tornade aujourd'hui !

S'il pleut, vous n'en prenez pas la responsabilité en vous faisant passer un mauvais moment – « C'est ma faute s'il pleut. » Quand vous réalisez que vos pensées sont comme la pluie, là-bas dans le monde, alors elles ne sont pas de votre faute. Il pleut des pensées. Bien sûr, vous avez des pensées nuageuses et des pensées ensoleillées, et vous préférez les ensoleillées, mais quand vous *situez* votre esprit, quand vous voyez *où* il est, qu'il est *là-bas* et n'est pas central, vous en êtes libre. Alors votre esprit pousse un soupir de soulagement. Il vous aime parce que vous le laissez revenir à l'endroit où il appartient. Il vous dit « Merci » quand vous le laissez être là où il est. Où est votre esprit ? C'est là la question.

Un de mes amis, Colin Oliver, a écrit un poème à ce sujet –

Pensées-Abeilles

Si les pensées étaient des abeilles,
qui oserait les enfermer
à l'étroit dans la ruche de la tête ?
Celui qui brise cette ruche de prétention
aidé du vif marteau de la vision,
ne voit aucune boîte, aucune maison,
pas de porte à verrouiller.
L'enchantement des images est brisé et l'essaim
s'échappe
et se disperse dans le monde.
La ruche du Rien apporte au monde
le miel de l'amour,
et les pensées-abeilles,
regardées par la reine de l'œil,
errent librement.

Si vous gardez vos pensées dans votre tête imaginaire, il n'est pas surprenant qu'elles se mettent en colère, comme des abeilles confinées. Détruisez la ruche de l'imagination avec le marteau rapide de la Vision ! Dans le monde, les pensées-abeilles volent. Elles ne sont plus emprisonnés, ne bourdonnent plus follement à l'intérieur de la ruche. Mes pensées sont en liberté dans la pièce. Mes pensées sont là-bas avec les étoiles. C'est là qu'elles sont situées. Mes sentiments sont libres. Je suis libre.

Chapitre 8

Jamais perturbé

William : Quand je suis conscient de l'Espace, une pensée très forte n'a pas le même effet.

Richard : Cela ne dérange pas le Non-Esprit, n'est-ce pas ? Cela ne peut pas déranger le Non-Esprit. Ce n'est pas que vous avez rendu le Non-Esprit fort – il n'a pas été troublé. Alors, vous vous détendez. Vous vous dites : « D'accord, cela n'affecte pas le Non-Esprit. Je n'ai pas besoin de protéger le Non-Esprit ou de le maintenir clair. Il est toujours clair. »

William : Parfois, on a l'impression que la pensée est très grande, comme quand je tiens ma main juste devant mon visage. C'est plus grand que tout le reste dans l'Espace.

Richard : Quand vous faites cela et que votre main est aussi grande que la pièce, votre main interfère-t-elle avec l'Espace du côté où vous êtes par rapport à votre main ?

William : Ce n'est pas agréable.

Richard : Non, ce n'est pas agréable, mais ça n'affecte pas l'Espace, n'est-ce pas ?

William : C'est vrai.

Richard : L'idée que votre Vraie Nature est au-delà des perturbations, qu'elle est libre, se reflète dans les grandes traditions spirituelles. Le taoïsme se réfère à la corne du taureau qui peut accrocher des choses, s'insérer dedans, mais ne peut pas s'insérer dans le Vide. De quoi parle-t-il bon sang ? Il parle de l'Espace à partir duquel vous regardez parce que rien ne peut s'insérer dans cet Espace. Ce n'est pas parce que vous avez développé une pratique de sorte que, finalement, les choses n'affectent pas votre Vraie Nature. Les choses n'ont jamais affecté votre Vraie Nature, mais maintenant vous en êtes conscient.

Mark : En raison de mes expériences passées de méditation avec des gourous, j'ai toujours beaucoup d'attentes. J'ai un esprit qui pense, « Ceci devrait arriver et cela devrait arriver », et si je ne vois pas cela, je pense que ce n'est peut-être pas la vraie chose. Alors, comment fait-on face à un esprit comme le mien ?

Richard : Un esprit comme le nôtre ! Eh bien, ce geste de pointer dans les deux directions indique qu'il y a deux vues – dans le Vide et vers ce qui remplit le Vide. Dans cette direction, vers l'intérieur, vous ne voyez pas ces attentes ni rien, n'est-ce pas ?

Mark : Non, mais mon esprit est toujours là.

Richard : Oui, l'esprit fait partie du contenu de cet Espace. Il survient quelque part là, dans l'Espace ou le Non-Esprit, ici. C'est cela la méditation – vous êtes présent à la manière dont les choses sont dans le moment, y compris toutes les attentes qui sont là. Il ne s'agit pas d'abord de vous débarrasser de vos attentes, mais de voir que vous êtes libre de celles-ci ici au Centre. Nous portons notre attention sur ce lieu, sur ce Non-Esprit, la Source de l'esprit, d'où proviennent ces attentes. Il s'agit donc de ne pas négliger ce lieu de Liberté et de Non-pensée – alors même que vous pensez ou que vous attendez des choses.

Mark : Hier soir, quand j'étais dans mon lit, j'ai pensé : « Laissez-moi faire une expérience. Être dans cet Espace. » Soudain, cet Espace a commencé à s'étendre. Puis l'esprit est entré. Arghh !!

Richard : Je sais, mais il n'y a là rien de mal. Tout cela survient dans l'Espace. Soyez conscient que ces pensées surviennent dans cet Espace. Continuez à rester conscient de l'Espace qui n'est pas affecté par les pensées.

Dale : J'ai beaucoup lu dans les différentes traditions et j'ai passé beaucoup de temps à pratiquer. Elles ont toutes de bonnes façons de parler de ce point, mais je pense que le problème, c'est qu'on entend toujours quelqu'un d'autre parler de son expérience de ça. Nous sommes donc influencés, et pensons que nous devrions vivre quelque chose de semblable à son expérience. Je pense que c'est la plus grande erreur parce que cette expérience-ci est très immédiate. Certaines personnes se mettent en colère, certaines personnes se réjouissent, mais quand nous avons pointé vers l'arrière, notre attention s'est juste reposée dans la Clarté en elle-même et d'elle-même – qui ne vient et ne s'en va jamais. Mais tout ce que vous pouvez nommer le fait. C'est ça le truc. Cette histoire dont d'autres personnes faisaient l'éloge, disant que vous devriez saisir ceci ou cela, n'est pas vraiment ce vers quoi l'on pointe. Cette histoire-là est une expérience, un contenu qui survient puis cesse, alors que Ceci, c'est ce qui ne cesse pas. C'est vraiment très beau. Ensuite, vous pouvez donner une logique à certaines des expériences après coup, si ceci est l'expérience principale. Mais toutes ces histoires apparaissent puis disparaissent. Parfois, nous sommes concentrés vers l'extérieur sur le doigt ou l'expérience et ça peut être une expérience extatique, mais ça passe. Alors nous pensons que nous avons perdu ceci, l'Espace. Mais on ne peut pas perdre ceci. Voilà la joie de ce mystère.

Chapitre 9

Insécurité et sécurité

Roger : Pourriez-vous en dire plus sur l'aspect sécurité de cette expérience parce que je peux me rendre à cet endroit ici, mais j'éprouve encore une peur en dessous. Je serais ravi de me sentir en sécurité, mais ce sentiment n'est pas là. Alors je pense : « Les sentiments sont juste dans l'Espace, etc. », mais pourriez-vous en dire plus à ce sujet ?

Richard : Oui, les sentiments sont dans l'Espace. Même cette profonde incertitude sous-jacente est dans l'Espace et n'affecte pas l'Espace – qui est toujours rempli de quelque chose. Maintenant, chaque fois qu'un sentiment d'insécurité surgit, vous pouvez vérifier si cela affecte l'Espace. Appliquez-lui cette Conscience continue. C'est une méditation – il ne s'agit pas d'éviter quelque chose, d'essayer de s'en débarrasser ou de le supprimer ; il s'agit d'y être présent tel que c'est donné dans l'Espace. Vous n'avez même pas besoin de savoir ce que signifie une chose dans l'Espace, vous ne vous occupez que du Rien. Vous la tenez dans le Rien qui ne change jamais et voit ce qui se passe. Désormais, vous avez un endroit pour accueillir cette incertitude. Ce sentiment d'incertitude est compréhensible parce que, depuis que vous êtes né, on vous a dit de vous identifier à celui-qui-est-dans-le-miroir et, évidemment, celui-qui-est-dans-le-miroir est profondément vulnérable. Ce sentiment d'insécurité est compréhensible parce que l'incertitude et l'insécurité sous-tendent votre vie. Ce serait étrange que vous ne vous sentiez pas dans l'insécurité parfois. C'est un sentiment approprié qu'on peut avoir.

Cela doit être reconnu parce que, quand nous ressentons cette insécurité de base, nous pensons qu'il y a quelque chose qui ne va pas chez nous. « Comment se fait-il que je ressente cela et que ça n'arrive à personne d'autre ? Il doit y avoir quelque chose qui ne va pas chez moi ! » Mais non. Ressentir cette insécurité de base est réellement approprié parfois. Et vous ne pouvez pas résoudre cette insécurité de base à son propre niveau parce que, en tant que personne, vous êtes vulnérable, vous êtes assujetti à toutes sortes d'accidents, et vous mourrez. Nous savons cela. Ne niez pas ce qui est réel à ce niveau-là. Mais maintenant, nous nous sommes également éveillés au niveau qui est libre et sûr. Maintenant, nous pouvons voir, nous réjouir, accueillir, laisser être ce sentiment d'insécurité au sein de cette Sécurité qui ne dépend pas de quoi que ce soit.

Ce n'est pas un moyen de supprimer ou de manipuler les sentiments, c'est voir *où* se trouvent les sentiments. Vous êtes l'Espace dans lequel cette insécurité survient. Testez ça. Voir ne dissout pas nécessairement votre anxiété tout de suite, donc si vous appliquez le Rien aux sentiments d'anxiété et qu'ils ne disparaissent pas immédiatement, sachez que vous ne faites rien de mal. Collez à ça, c'est tout. C'est la méditation – l'attention bidirectionnelle. C'est pratique au sens où c'est simple et clair et que vous pouvez le faire immédiatement. Ce n'est pas nier ce que vous ressentez ni prétendre que vous ne ressentez pas quelque chose. Vous reconnaissez qu'il y a une très bonne raison pour laquelle vous pourriez vous sentir anxieux. Mais maintenant, vous voyez aussi qu'il y a plus en vous que votre moi humain vulnérable. Vous êtes l'Espace dans lequel tout cela se passe. Il n'y a pas de vulnérabilité, pas d'anxiété, dans l'Espace.

Roger : À propos de ce que vous venez de dire, Richard – que la vulnérabilité et l'insécurité sont naturelles. La société dit que vous devez vous sentir bien tout le temps et que, quand ce n'est pas le cas, quand vous ressentez ces sentiments naturels, vous avez tendance à penser qu'il y a quelque chose qui ne va pas chez vous. Je me rends compte aujourd'hui que toute cette expérience ne consiste pas à se sentir bien, c'est accepter ce qui est, dans le moment – c'est simplement porter attention sans juger. Il suffit d'observer la chose, il suffit de porter la méditation dessus.

Richard : L'attention bidirectionnelle.

Roger : Et ça change.

Richard : C'est un voyage de découverte, ce n'est pas une injonction. C'est une découverte. Maintenant, vous avez la clé pour ouvrir cette

Porte, la traverser et découvrir ce qui se passe plutôt que de penser à ce que vous avez lu, à ce qui devrait arriver et essayer de faire que cela arrive. Non. Vous avez la Clé Maître maintenant. Lorsque cette sensation d'insécurité arrive, vous utilisez la Clé. Vous regardez le sentiment depuis cette Porte Ouverte. Puis vous courez l'aventure de découvrir ce qui se passe tout en ayant l'expérience que vous êtes fondamentalement en sécurité.

Roger : Ça enlève beaucoup de tension quand on voit qu'il ne s'agit pas d'amélioration de soi-même, qu'il s'agit de la découverte de soi.

Richard : Une aventure est beaucoup plus amusante qu'un programme.

Chapitre 10

Passion et détachement

Carol : Les émotions ne sont-elles pas moins intenses lorsqu'on réalise que l'on est l'Unique ? On ne s'attache pas à l'histoire, il n'y a pas d'histoire attachée aux émotions. Ce n'est pas aussi intense. Je me sens plus déconnectée, pas plus connectée.

Richard : Je pense que tout le monde est différent. Je constate que ma vie devient plus intense. Je ressens les choses plus passionnément – mais, en même temps, je regarde cela depuis cette Liberté, ce Détachement. C'est un paradoxe. Lorsque vous voyez que vous êtes construit pour être Ouvert et que vous êtes en Sécurité, vous pouvez prendre plus de risques.

Henry : Je n'ai pas entendu ce que vous avez dit.

Richard : Fondamentalement, vous êtes Ouvert et en Sécurité, n'est-ce pas ? Cela vous permet, en tant qu'être humain, de prendre plus de risques et de vous faire davantage confiance parce que vous avez le filet de sécurité de qui vous êtes réellement. Si vous n'aviez pas ce filet de sécurité, vous deviendriez de plus en plus prudent à mesure que vous vieillissez. Mais quand vous voyez qui vous êtes vraiment, votre vie devient plus vaste et plus profonde.

Barbara : Je pensais que je ressentirais les choses moins intensément. Or je ressens plus intensément les choses, mais j'y réagis différemment. Par exemple, si quelqu'un que j'aime meurt, je ne vais pas ressentir moins les choses. Je ne vais pas non plus moins m'en soucier. Mais la réaction et la façon dont on cadre l'histoire qui va avec ça changent avec cette conscience.

Diana : Il y a moins de souffrance parce qu'on l'accepte pour ce qu'elle est. On ne la ressent pas moins profondément, on la ressent différemment.

Richard : Oui, bien dit.

Chapitre 11

Peur du Rien

Eric : Je suis en colère parce qu'il n'y a rien ici. Il n'y a rien. Je tremble. C'est juste un esprit pur, juste rien. Ai-je raison ? Je suis bouleversé.

Richard : Je crois savoir de quoi vous parlez. C'est bouleversant parfois. Je ne sais pas si cela vous aidera mais, dans mon expérience, il est clair que ce Rien est toujours plein de quelque chose. Ce n'est jamais simplement Vide. Donc, quand nous disons Vide, nous devrions en réalité dire Vide-pour-être-rempli-de-quelque-chose. Ce sont les limites du langage. L'expérience elle-même n'est pas verbale. Quand vous me regardez, vous ne voyez pas *votre* visage – et exactement au même moment, vous voyez *mon* visage. Donc votre Rien est toujours rempli. Il est rempli de tout, jusqu'aux étoiles. Et il est conscient. L'idée du Rien est effrayante, mais l'expérience réelle est qu'il est rempli et conscient.

Eric : Je vois qu'il y a ce Rien et j'y ramène tout pour rendre cela acceptable.

Richard : La chose principale, c'est l'attention portée à la façon dont les choses sont, plutôt que d'essayer de manipuler les choses pour que cela soit acceptable. Pour moi, la façon dont ça m'est donné avant que j'essaye de le changer pour me sentir mieux, c'est que ce n'est pas seulement un Vide, c'est aussi Rempli. Ça m'est donné de cette façon, que j'aime cela ou pas.

Eric : L'une ou l'autre de ces façons de voir est-elle plus importante ? J'essaie de faire bouger les choses.

Richard : Très bien. Oui, faites-les bouger vraiment. Nous ne sommes pas ici pour livrer un message réconfortant parce que ce serait bien. Nous sommes ici pour être éveillés à la façon dont les choses sont données et ensuite, avec humilité, nous acceptons la façon dont les choses sont données, puis nous découvrons si cela fonctionne de vivre à partir de la vérité plutôt que d'un mensonge. Je peux seulement parler avec autorité de ma propre expérience. Mon expérience est que ce Rien est Rempli et qu'il n'y a pas de ligne de séparation entre ce Rien et ce qu'il contient. Dans le langage, on a l'impression qu'il y a « Rien » et qu'il y a « quelque chose », mais dans l'expérience, ils fusionnent. Il n'y a pas deux choses. Je ne trouve pas de ligne de partage entre le Rien et le Quelque Chose.

Kevin : Tout ce dont vous faites l'expérience, c'est vous.

Richard : Ce que nous faisons ici, c'est diriger notre attention sur qui est ce « vous ». La société est toujours en train de refléter ce à quoi vous ressemblez et de vous dire que vous êtes celui-qui-est-dans-le-miroir, ce qui est bien sûr vrai du point de vue de la société.

Jennifer : Ce que j'imagine dans mon esprit, c'est ce à quoi je ressemble pour moi-même.

Richard : Exactement. Mais ensuite nous jetons un regard neuf sur ce que nous sommes *réellement* pour nous-mêmes.

Chapitre 12
Les quatre étapes de la vie

Je vais maintenant vous expliquer comment l'expérience de la vision sans tête s'adapte aux étapes du développement de notre vie. Il y a potentiellement quatre étapes principales dans notre vie : le bébé, l'enfant, l'adulte et le voyant.

Première étape – le bébé

Dans la première étape du bébé, vous êtes sans tête, en liberté, au large, Espace pour le monde. Vous n'avez pas encore développé la conscience de trois aspects fondamentaux du monde – l'espace, le temps et la conscience.

L'Espace

Votre champ de vision est un peu ovale, n'est-ce pas ? Vous ne pouvez rien voir autour de lui. Si vous regardez quelque chose, la chose que vous regardez est au milieu de la Vue. C'est ce qui est le plus en vue. Ensuite, comme vous prenez conscience du reste de la Vue, les objets deviennent de plus en plus vagues jusqu'à ce que finalement vous ne puissiez plus rien voir. Je parle de votre vision actuelle. Cette Vue, votre Œil Unique, est tout ce que vous connaissiez quand vous étiez un bébé.

Bébé, vous n'avez pas encore le concept de ce qui existe au-dessus du bord supérieur de la vue – par exemple le plafond. Vous n'êtes pas encore conscient des choses existant au-delà du bord gauche de la Vue, ou du bord droit, en dessous de la Vue ou « derrière vous ». Vous n'imaginez rien « derrière vous » – un mur par exemple. Tout ce que vous voyez « derrière vous » est le Rien. Le seul espace physique qui existe pour vous est ce que vous voyez maintenant – la Vue, suspendue là dans le Rien. Vous n'avez pas non plus l'idée d'une tête là où vous êtes, ni d'un corps directement en votre Centre. Vous êtes transparent. Quand quelqu'un passe derrière vous, il ne passe pas derrière « vous » – il disparaît dans le Grand Vide. Puis quelqu'un d'autre apparaît magiquement hors du Grand Vide ! Vous laissez tomber votre jouet et il disparaît du bord du monde, dans le Grand Abîme. Alors votre mère le récupère à partir du non-être absolu ! Étant pré-verbal, vous ne pensiez pas à cela en ces termes, ni avec des termes d'ailleurs. À l'évidence, je suis un adulte, un voyant, décrivant cette expérience, mais ma propre conscience actuelle de l'Espace où je suis me permet de comprendre mon expérience de bébé puisque, dans un sens fondamental, rien n'a changé. Je suis le même Espace sans tête maintenant que je l'étais alors – la Vue flotte toujours dans le Rien. Même si, en tant qu'adulte, je « connais » le reste du monde que je ne peux pas voir, ma connaissance ne change pas l'expérience essentielle d'être sans tête, d'être au large, en liberté.

Temps

L'idée du temps, du passé et de l'avenir était aussi une idée que vous n'aviez pas encore développée. Vous n'étiez au courant que de ce moment présent, pas d'avant ni après ce qui se passe maintenant, de ce maintenant seulement, maintenant et maintenant. Encore une fois, ma propre conscience, en tant que voyant que mon Être n'est pas dans le temps, me permet de comprendre la condition intemporelle dont, bébé, je faisais l'expérience.

Conscience

La conscience du « moi » et des « autres » va de pair. Pour prendre conscience de moi-même, je dois développer la capacité de me mettre à votre place et de « me » voir par vos yeux – parce que mon apparence n'existe pas ici, dans mon Centre, elle se manifeste à distance dans les « autres ». Bébé, je n'avais pas encore développé cette capacité à sortir de moi-même, de me retourner et de me regarder. Quand je regarde quelqu'un, je ne me vois pas encore de son point de vue. Je ne comprends pas encore qu'il soit une conscience séparée dans ce corps là-bas, dans cette tête là-bas, en regardant là-bas par ces yeux le monde et « moi ». Je n'ai pas encore l'idée qu'ils voient, entendent, pensent. Je fais l'expérience des « autres » simplement en tant qu'apparences dans ma Conscience. Les « autres » ne sont pas plus conscients que le plancher n'est conscient. Je ne pense pas encore à un « vous » là-bas dans ce corps me regardant « moi » dans un corps ici.

Comme vous ne vous sentez pas regardé, vous regardez inconsciemment. Si vous étiez un bébé maintenant et que nous vous mettions au milieu du cercle des personnes ici, vous ne sentiriez pas que vingt personnes vous regardent.

Aucun de ces yeux-là n'est encore chargé de conscience, en train de vous regarder et de vous juger. Vous n'avez donc encore aucune pensée que les autres vous voient, pas de réactions sur la base de l'idée que vous êtes regardé. Quels que soient les sentiments que vous avez, ils ne sont pas encore dans la « boîte » de votre « tête » – ils flottent autour de la pièce, dans l'air, pour ainsi dire. Non gêné, vous regardez c'est tout. Après avoir regardé un visage, vous pourriez alors regarder, au-delà de ce visage, une ombre sur le mur et ce serait tout aussi intéressant. L'ombre n'est pas moins vivante que le visage. La spontanéité de votre comportement n'est pas réprimée par la pensée de ce que « d'autres » pourraient penser.

Vous avez commencé votre vie dans cette condition, en tant qu'Espace grand ouvert. Vous n'étiez pas encore dans le monde, le monde était en vous. Vous n'étiez pas encore dans le temps. Et vous n'étiez pas encore un « moi » parmi d'« autres » – le monde n'était pas encore divisé de cette façon. En un sens, il n'y avait que votre Conscience – vous n'aviez pas encore appris qu'il y avait des « autres ». Vous, en tant qu'Unique, n'étiez pas encore devenu « un-parmi-de nombreux autres ».

Contagieux

Continuez à imaginer que vous êtes un bébé. Vous êtes l'Espace dans lequel tout le monde se montre. Vous n'êtes pas gêné. Vous vous sentez au large, en liberté, Ouvert. Lorsque vous regardez un visage, vous entrez ce visage en vous sans sentiment de gêne. Vous propagez votre Ouverture à tous ceux qui vous entourent. Votre Ouverture est contagieuse. Sans moyens verbaux, vous donnez à tout le monde autour de vous la permission d'être Ouvert avec vous, sans effort, sans mots. En tant qu'adulte, vous pouvez arrêter de parler à une mère pour faire des grimaces à son bébé. Vous commencez à lui parler « en langue bébé » – « gou, gou ». Puis, vous revenez vers sa mère et à votre conversation adulte – « Vous avez un bébé adorable ! » Vous venez de passer d'un stade de conscience à un autre et retour. Puis, vous revenez au bébé et perdez votre tête à nouveau – comme le bébé n'a pas de tête pour lui-même, il n'y a aucune barrière. Une raison pour laquelle les gens aiment être avec des bébés, c'est parce que leur Ouverture est frappante. Lorsque vous regardez les bébés, ils vous invitent à être sans tête avec eux. Le bébé vous contamine avec son Ouverture. Non verbalement, le bébé vous dit : « Je suis sans tête, je suis largement ouvert, venez me rejoindre, venez et soyez sans tête avec moi. » Comme il n'a pas de visage pour lui-même, il n'a pas le sentiment d'être regardé par vous. Il vous regarde mais il ne comprend pas encore que vos yeux voient. Il n'a pas le sentiment d'être sous inspection. Le manque de gêne en lui est une invitation à vous laisser tomber dans l'Ouverture avec cela. Nous sommes tous nés dans cette condition contagieuse – en propageant l'Ouverture.

Le miroir

Regardez dans le miroir sur la Carte. Imaginez que vous êtes un bébé et que vous voyez le visage d'un bébé là-bas – votre visage quand vous étiez bébé. Mais ce n'est pas vous. Cela ne peut pas être vous parce que c'est *là-bas* et que vous êtes *ici* ! Et c'est petit, alors que vous êtes sans limites – vous n'êtes absolument pas comme ça ! Vous n'avez pas encore mis ce visage ici sur votre Centre. Si votre mère regarde dans le miroir avec vous alors vous voyez deux visages là-bas mais vous ne pensez pas à l'un d'eux comme étant le vôtre. Ni l'un ni l'autre n'ont quelque chose à voir avec vous.

Sensations

Vous ne pensez pas encore à vos « sensations corporelles » à l'intérieur d'un corps ici, séparé du reste du monde – vous ne connaissez pas encore « l'intérieur » et « l'extérieur ». Avant que vous ayez appris à imaginer votre visage et votre corps ici en votre Centre, vos sensations ne sont pas contenues à l'intérieur de quoi que ce soit. Elles flottent dans la pièce, elles sont en liberté dans l'Espace, « en l'air » pour ainsi dire. Soyez conscient de la sensation de votre front. Vous ne pouvez pas voir votre front. À l'évidence, quelle est maintenant la largeur de cette sensation ? Pour un bébé, elle pourrait être aussi large que la pièce ! Où est-elle ? Elle est assez difficile à situer – quelque part près du ventilateur ? Quelle couleur a-t-elle ? Aucune idée. Lorsque vous êtes, en tant que bébé, en train de regarder le visage de quelqu'un, vous ressentez vos sensations « ici », mais vous ne pensez pas qu'elles sont dans un « visage » ici vous séparant de la personne là-bas. Vos sensations et le visage de cette personne là-bas surgissent ensemble dans l'Espace. Il en va de même pour votre expérience des goûts, des odeurs et des sons – ils ne sont ni à l'intérieur ni à l'extérieur de vous. Tout ce dont vous faites l'expérience se produit dans l'Espace où vous êtes.

Deuxième étape – l'enfant

Dans la deuxième étape de l'enfant, vous devenez de plus en plus mobile de sorte que vous êtes de plus en plus capable d'explorer le monde par vous-même. Et vous commencez à comprendre le langage de sorte que vous commencez à adopter la façon de voir le monde qu'ont les adultes. L'enfance est la période de transition entre le bébé, qui est inconscient de « soi » et « des autres », et l'adulte qui est convaincu qu'il est un « moi » distinct dans une société d'« autres ».

En tant qu'enfant, vous commencez à vous identifier avec celui-qui-est-dans-le-miroir – vous apprenez à vous vêtir de votre apparence humaine, à prendre la responsabilité de la personne que vous voyez là-bas. En même temps, vous commencez à comprendre que les « autres » sont réels. Il y a un changement très important – la transition vers le fait d'être une personne distincte au lieu d'être l'Espace qui contient tout, et la transition vers le fait de voir les autres aussi séparés et conscients et non pas simplement comme des « images dans la Conscience ». Vous rejoignez le « club des hommes » dont le droit d'entrée est d'accepter que vous êtes votre apparence et que les autres sont réels.

Cette prise de conscience croissante du moi et des autres accompagne une prise de conscience croissante de l'espace et du temps. Lorsque vous commencez à vous voir de l'extérieur, vous commencez à vous voir placé sur un arrière-plan, et cet arrière-plan grandit à mesure que votre connaissance du monde s'accroît – de l'arrière-plan immédiat de la pièce (dans laquelle les autres vous voient être) à votre ville, votre pays, votre planète, votre étoile ... Vous apprenez à situer votre Vue réelle, qui n'a pas d'arrière-plan, dans ces arrière-plans de plus en plus grands, colorant, pour ainsi dire, ce qui est au-delà du bord de votre Vue. Maintenant, vous « savez » ce qui est au-dessus et au-dessous de votre Vue, à gauche ou à droite, ou « derrière vous ». Maintenant, vous « savez » aussi ce qui est arrivé avant ce moment présent et ce qui pourrait venir après – le passé et l'avenir. Vous apprenez à vous situer dans le temps.

Le miroir

En tant qu'enfant, vous découvrez quelle apparence est la vôtre, dans quelle « boîte » vous êtes, dans quel corps vous êtes. Tenez à nouveau la Carte à bout de bras et regardez dans le miroir. Bien que, enfant, vous voyiez le visage là-bas dans le miroir, vous êtes en train d'apprendre que l'enfant là-bas est « vraiment » à l'autre extrémité de votre bras, en votre Centre. Vous apprenez à mettre cette apparence sur vous, à mettre sur vous ce visage comme si vous mettiez un masque.

Il y a des tours que l'on vous apprend à faire avec le miroir et qui vous permettent de mettre votre visage sur vous et de devenir une personne, un membre du « club des hommes ». Imaginez que vous faites ce qui suit : pénétrer le miroir, saisir le visage là-bas et le sortir du miroir pour l'amener vers vous. Vous l'étirez pour le rendre plus grand – c'est beaucoup trop petit. Ensuite, vous le retournez à l'envers comme un masque en caoutchouc car il est tourné dans le mauvais sens. Ensuite, vous le mettez directement – vous le collez sur votre Rien central. En même temps que vous imaginez mettre l'image de votre visage sur l'Espace ici, vous devez également imaginer que vous mettez l'image de votre corps entier sur l'Espace ici.

Jennifer : Surtout les femmes.

Richard : D'une manière différente des hommes peut-être, mais les hommes le font tout aussi à fond. Vous devez le faire. En tant qu'enfant, vous découvrez, par les autres et le miroir, qui vous êtes en société. Nous prenons tous cette identité et la mettons sur nous de la même manière que nous mettons nos vêtements.

Lorsque vous êtes un petit enfant, les adultes regardent dans le miroir avec vous et vous disent que l'enfant, c'est « vous ». Le travail de l'adulte est d'apprendre à l'enfant à mettre cette apparence sur lui. Grandir implique de développer l'habitude d'imaginer cette l'apparence en votre Centre – en vous voyant comme les autres vous voient. De plus en plus vous ignorez et supprimez cet Espace, cette Conscience indivise que vous êtes.

Marier l'image à la sensation

Lorsque vous regardez quelqu'un, son visage, vous apprenez à imaginer votre propre visage en même temps. Vous apprenez à être « face à face » avec les autres. Cela implique d'apprendre à revêtir les sensations invisibles, que vous ressentez « ici », de l'image de votre visage.

Regardez dans le miroir et touchez votre menton. Soyez conscient de la sensation de votre menton en même temps que vous voyez l'image de votre menton dans le miroir. Je fais l'expérience de la sensation que j'appelle « mon menton » quelque part *ici*, mais je ne peux pas voir mon menton ici – c'est une sensation sans image. Dans le miroir, je vois l'image de mon menton, mais je ne ressens aucune sensation *là-bas*. Donc, je vois l'image dans le miroir là-bas et je fais l'expérience de la sensation quelque part ici. Pendant la petite enfance et l'enfance, j'apprends à imaginer le transfert de cette image là-bas dans le miroir sur la sensation invisible ici. Dans ce processus, je dois renverser cette image – et l'agrandir – ainsi elle est retournée de la bonne manière et assez grande. J'apprends à penser et à agir comme si l'image de mon menton était ici. Bien que je ne le voie pas ici, je « sais » qu'il est ici.

Arrêtez de regarder dans le miroir, mais continuez à toucher votre menton. Vous ne voyez plus votre menton. Comme un enfant, vous devez apprendre à garder l'image de votre menton à l'esprit afin que la sensation se revête de l'image, même quand vous ne regardez pas dans un miroir. Vous apprenez à porter votre visage toute la journée. Touchez l'arrière de votre tête. Bien que vous ne voyiez pas l'arrière de votre tête, vous en avez une image. En tant qu'enfant, vous avez probablement regardé des photos de vous-même vu de derrière ou avez vu d'autres personnes toucher leurs têtes – à partir de ces observations, vous avez appris à revêtir la sensation avec l'image. De toute évidence, c'était une chose intelligente à faire, sinon vous vous seriez cogné la tête sur le chambranle des portes basses !

En tant qu'enfants, nous apprenons ce que nous sommes pour les autres, dans quelle « boîte » nous sommes, dans quel corps nous sommes. Le voilà là-bas dans le miroir – c'est ton corps, habite-le !

Empathie

Apprendre à projeter l'image de votre corps sur vos sensations signifie que vous pouvez alors communiquer avec les « autres ». Je vous regarde maintenant et, en même temps, j'imagine mon visage ici, revêtant d'une image les sensations que je ressens. Ensuite, je réalise un processus similaire en ce qui concerne la compréhension que j'ai de votre expérience. Je vois votre visage, mais je n'éprouve aucune sensation là-bas, mais parce que j'ai appris à attacher une image de mon visage aux sensations ici, j'imagine maintenant des sensations là-bas dans votre visage. Cela signifie que je peux imaginer la façon dont vous vous sentez ou m'y identifier. Alors quand vous souriez, je sais à quoi ça ressemble parce que j'ai vu l'image de mon visage souriant dans le miroir, et je suis conscient des sensations qui accompagnent ce sourire dans l'Espace ici. Comme je sais ce qu'est ressentir un sourire ici, je peux imaginer la sensation de votre sourire là-bas en vous. Sans cette compétence qui vous permet de transférer l'image dans le miroir sur la sensation là où vous êtes, vous ne seriez pas en mesure de vous identifier avec les autres. Quand vous me voyez sourire, vous savez à quoi ça ressemble parce que vous aussi avez marié l'image du sourire dans votre miroir avec les sensations que vous ressentez dans l'Espace – alors quand vous me voyez sourire, c'est presque comme si vous ressentiez mon sourire. Vous ne ressentez pas mon sourire, vous vous « identifiez » avec moi. Vous vous imaginez à ma place – dans ma tête, dans mon corps.

Imaginez que vous êtes un petit enfant et que votre frère est assis à côté de vous. Vous aimez le pincer parce qu'il sursaute et fait un drôle de visage ! C'est amusant à regarder. Jusqu'à ce qu'il vous le fasse ... Ça fait mal ! Et il dit : « C'est comme ça que je le ressens. Chaque fois que tu me feras ça, je te le ferai. » Vous arrêtez vite de le pincer. À ce moment-là, vous avez appris qu'il ressentait des sensations dans son corps. Avant cela, vous n'aviez aucun sentiment de ce que c'était. Après cette expérience, cette « leçon », vous ne pouviez toujours pas ressentir ce que quelqu'un d'autre ressentait, mais maintenant vous acceptiez qu'il ressente quelque chose. C'est la même chose avec la vision. Vous n'avez aucune preuve directe que les yeux dans toutes ces têtes dans ce cercle de personnes voient réellement. D'après ce que vous savez, ils ne sont que des « images-dans-la-conscience ». Mais en grandissant, vous apprenez que ces gens vous regardent parce qu'ils vous disent qu'ils le font. Ils vous disent qu'ils peuvent vous voir. Et ils vous disent qu'ils peuvent voir vos yeux et que vous regardez par vos yeux – vos deux yeux – comme ils le font. Ils insistent sur le fait que vous ne regardez pas à partir d'une Ouverture sans bornes, à partir d'un Œil Unique, mais que vous regardez à partir de deux petites « fenêtres ». Ils vous disent aussi que vos pensées sont dans votre tête.

Un esprit séparé

Les seules pensées dont vous ayez jamais fait l'expérience sont les vôtres. Avec les preuves dont vous disposez maintenant, où sont vos pensées ? Vous ne pouvez pas voir votre tête donc vous ne voyez pas de contenant pour elles dans votre Centre. Il n'y a rien là pour les y garder. On pourrait dire qu'elles sont en liberté dans la pièce, n'est-ce pas ? Elles flottent dans l'air. On pourrait dire aussi qu'elles sont dans la Conscience, dans l'Espace – qui contient également la pièce. Lorsque vous étiez un bébé et un jeune enfant, vous avez fait l'expérience de vos réactions dans la pièce. Elles faisaient partie de la vue extérieure. Vos sentiments et vos sensations corporelles étaient en liberté, au large. Grandir, c'est apprendre à centraliser ces choses, à les séparer du reste du « monde extérieur » et à les imaginer en vous, dans votre tête ici, dans votre corps – parce que la société vous dit que votre « esprit » est dans votre tête, que vos sentiments sont dans votre corps. Quand vous saisissez l'idée que vos pensées sont à l'intérieur de votre tête, vous saisissez l'idée que les autres têtes doivent avoir des pensées en elles également.

Jeune enfant, vous n'étiez pas encore conscient des autres esprits. Il y a un test que les psychologues font pour voir si un enfant a atteint en grandissant l'étape où il accepte la « réalité » des autres esprits. Le psychologue prend une boîte pleine de crayons et montre à l'enfant ce qui est dans la boîte. Imaginez que vous soyez l'enfant. Vous voyez les crayons dans la boîte. Puis le psychologue ferme la boîte de sorte que maintenant vous ne voyez plus les crayons, mais bien sûr, vous savez qu'ils sont là, dedans. Alors quelqu'un vient dans la pièce et le psychologue vous demande : « Est-ce que cette personne sait ce qu'il y a dans la boîte ? » Vous dites : « Oui ». Vous savez ce qu'il y a dans la boîte, de sorte que vous présumez que tout le monde le sait. En ce qui vous concerne l'idée des crayons à l'intérieur de la boîte est là-bas dans la pièce, dans l'air, c'est du bon sens, un fait connu. Parce que vous le savez, tout le monde le sait. Six mois plus tard, le psychologue vous fait passer par le même processus. La boîte est fermée, mais vous savez cette fois qu'il y a des blocs de couleur à l'intérieur. Quelqu'un rentre alors dans la pièce et on vous demande si cette personne sait ce qu'il y a à l'intérieur de la boîte. « Elle ne le sait pas, bien sûr », répondez-vous. Votre réponse démontre que vous avez maintenant adopté l'idée qu'il y a d'autres esprits dans la pièce. Maintenant, vous assumez que vous êtes à l'intérieur de votre tête, à l'intérieur de votre corps, et que les autres ne peuvent pas voir ce que vous pensez et ressentez.

Vos pensées ne sont pas « là-bas » dans le monde où tout le monde peut les voir, elles sont cachées à l'intérieur de votre tête – votre tête dont vous êtes convaincu qu'elle est là dans votre Centre même si vous ne la voyez pas. Maintenant votre « esprit » est donc privé. Votre connaissance des blocs colorés est la « vôtre », elle est « dans votre tête ». Maintenant, vous commencez à avoir une « vie intérieure » qui est à vous seul, à laquelle personne d'autre n'a accès. Vous commencez à réaliser que vous pouvez garder des secrets ou même dire des mensonges parce que personne ne peut voir vos pensées. Vous commencez à réaliser que vous êtes séparé. En même temps, vous commencez à comprendre que les « autres » sont dans la même condition – ils sont à l'intérieur de leurs corps et vous ne pouvez pas voir ce qu'ils pensent et ressentent. Ils sont séparés comme vous.

Une identité flexible

Être à l'intérieur de votre corps, devenir un individu séparé, est une chose apprise. Vous n'êtes pas né dans un corps, vous n'êtes pas né séparé. Vous devez apprendre ce qu'est votre corps, apprendre à y entrer et à apprendre à agir comme si vous étiez dans ce corps. En tant qu'enfant, vous découvrez dans quel corps vous êtes – vous apprenez qui les autres vous voient être, qui vous êtes dans la société. Mais vous continuez à oublier – à oublier que vous n'êtes pas celui-qui-est-dans-le-miroir. Vous devez vous rappeler que vous êtes dans ce corps, que vous êtes séparé, qu'il y a d'autres esprits, qu'il y a des « autres ». « Tu n'es pas le seul ici ! Tu n'es pas le centre du monde. Le monde ne tourne pas autour de toi ! » Mais vous continuez à oublier. Votre situation première est qu'il n'y a qu'un seul esprit – le vôtre ; un seul champ de sensations corporelles – le vôtre ; une seule conscience – la vôtre. Votre situation première est d'être inconscient de votre apparence, d'être ouvert au monde – de vivre dans l'inconscience de votre ouverture d'origine. Cela prend du temps pour apprendre que vous êtes dans le corps particulier que vous voyez dans le miroir, mais en tant que petit enfant, vous pourriez tout aussi bien être dans n'importe quel « corps ». Il vous est donc aussi facile d'être un train, une voiture ou un lion que d'être un garçon ou une fille. Et beaucoup plus amusant ! Vous expérimentez différentes identités. Souvent, vous oubliez totalement que vous êtes dans une « boîte » ou un corps et vous courez partout « sans tête » et « sans corps » ! C'est une étape de votre vie, très libre, ouverte, spontanée, créative et ludique.

Contagieux

Quelle que soit l'étape de conscience dans laquelle nous nous trouvons, elle est très contagieuse. Nous savons à quel point la conscience du bébé est contagieuse – si nous avions un bébé ici, il serait en train de dire non verbalement à tout le monde ici : « Je suis sans tête, vous êtes sans tête ». Nous en aurions tous le sentiment, nous y répondrions. Il est difficile de résister à l'Ouverture d'un bébé. Si nous avions un enfant ici, il projetterait aussi non-verbalement sa conscience, mais il communiquerait quelque chose de différent du bébé : « J'essaie d'être dans un corps, mais je ne suis pas encore entré dans un corps particulier – venez me rejoindre dans ma liberté, ma flexibilité. Je vais vous laisser sortir de cette boîte humaine dans laquelle vous êtes – maintenant vous pouvez être n'importe quoi. Pendant ce temps ensemble, nous allons être toutes sortes de choses et nous pouvons changer et être quelque chose de différent dès que nous le voulons. » L'enfant vous donne la permission d'inventer des choses tout du long, d'être n'importe quoi. Cette flexibilité et cette liberté sont des choses que vous connaissez bien parce que vous avez été enfant.

Si vous aviez un enfant ici, pendant la pause café, il vous demanderait de jouer avec lui au train, vous seriez content de vous accroupir au sol et d'être un train. Tous les autres adultes comprendraient. L'enfant vous donnerait, à vous l'adulte, la permission d'être un train. Mais quand la pause se terminerait et que l'enfant partirait pour jouer ailleurs, vous cesseriez d'être un train. Si vous aviez continué de vous-même, pas mal de sourcils se seraient haussés !

Communication bidirectionnelle

Toute communication est bidirectionnelle. Je suis en vous et vous êtes en moi. De même que l'adulte est autorisé à être un enfant, en se laissant contaminer par la fluidité de l'enfant et son Ouverture, l'adulte enseigne à l'enfant d'abandonner cette Ouverture de base et de s'identifier à celui-qui-est-dans-le-miroir – afin de devenir un adulte. Alors que l'enfant me donne la permission d'être un train, je communique inévitablement à l'enfant : « C'est juste un "jeu", ce n'est pas réel, c'est faire semblant. Tu n'es pas un train. La "réalité", c'est que tu es un garçon ou une fille jouant à être un train. »

Comporte-toi correctement

Imaginez que vous êtes un enfant et que vous courez partout en étant un avion – en ce qui vous concerne vous volez. Votre engin à réaction fait beaucoup de bruit. Mais il y a des adultes autour, qui ne jouent pas avec vous. Vous vous heurtez à l'un d'entre eux, il est agacé et il vous lance : « Comporte-toi correctement ! » Soudain, vous êtes confronté au fait que vous n'êtes pas « vraiment » un avion, vous êtes un enfant, une personne. À ce moment-là vous vous transformez, et d'avion, vous devenez un petit garçon ou une petite fille. Vous arrêtez de courir partout – vous arrêtez de voler. Vous n'êtes plus un avion qui fait du bruit. Mais quelques instants plus tard, vous oubliez que vous êtes un enfant et vous redevenez un avion ...

Jusqu'à ce que l'adulte vous redise de « vous comporter correctement » et vous vous retransformez pour revenir à nouveau dans votre corps humain. Vous êtes redevenu conscient de « vous-même » – conscient d'être une personne. L'enfance est une période d'apprentissage dans laquelle vous faites l'expérience de porter un corps, d'apprendre à habiter un corps. Vous n'êtes pas encore attaché au corps-dans-le-miroir de sorte que vous faites l'expérience d'être dans de nombreux corps différents.

Abandonner votre ouverture

Mais de plus en plus, au fur et à mesure que le temps passe, vous vous installez dans le corps que la société vous dit être le vôtre. De plus en plus, vous passez à côté de votre nature sans tête, vous oubliez ou vous niez votre Ouverture native.

Il est vital que vous abandonniez votre ouverture et preniez un corps – le corps dans le miroir. Vous devez jouer au jeu d'avoir un visage – le jeu des visages – et vous devez apprendre à y jouer si bien que ce n'est plus un jeu, mais la « réalité ». Autrement, vous n'auriez aucun moyen de pouvoir fonctionner dans la société – vous auriez probablement besoin de soins en hôpital psychiatrique. Mais, en fait, vous êtes heureux de jouer à ce « jeu ». Vous voulez y « jouer », vous voulez participer, vous ne voulez pas être laissé de côté. C'est le seul « jeu » qu'il y ait. Vous ne voulez pas rester « un bébé », vous voulez « grandir ».

Angela : Il y a eu quelques moments dans mon enfance qu'un psychologue aurait pu considérer comme des expériences traumatisantes. Je me souviens, à la maternelle, d'une fille qui courait près de moi et qui m'est rentrée dedans. Elle m'a frappé sur le nez et ça m'a fait mal. Je me suis mise à pleurer.

Mais, avant ce moment, je pense que j'étais dans l'état sans tête. Je pense que le traumatisme ne venait pas de cette petite fille qui m'avait frappée ni de moi qui pleurais, je pense que le traumatisme avait été d'être sortie de cet état sans tête.

Richard : C'est probable. Nous devons tous passer par le traumatisme d'être sortis, par un choc, de l'état sans tête pour aller dans l'état « de tête ». Nous nous ratatinons tous et d'être le Rien nous passons à être une petite chose.

Croire les autres

Kevin : Vous dites que quand on se développe, on comprend alors que les autres pensent. Je pense qu'on ne le comprend pas, on le croit.

Richard : Oui, je le crois.

Kevin : On fabrique un système de croyances. Je ne comprends pas que vous pensez, je continue à fabriquer le système de croyances qu'il y a quelqu'un qui me regarde. Mais je ne le sais pas. Je ne le sais pas du tout. Il y a une sorte de barrière qui m'empêche de jamais savoir ce que vous faites ou même si vous êtes là. Nous fabriquons un système de croyances plus qu'une compréhension. Cela peut même être un manque de compréhension.

Richard : Oui. Je comprends ce que vous voulez dire !

Kevin : Je sais que oui ! [Rire.]

Richard : Oui ! Mais si on n'accepte pas cette croyance, on ne peut pas adhérer à la société parce que les gens ne sont alors que des « images dans la conscience » et il n'y a personne là-bas ou ici. En ce sens, on serait seul et la « société » ne serait qu'une idée. Cela n'aurait aucun sens pour soi.

Troisième étape – l'adulte

Dans la troisième étape, celle de l'adulte, je m'identifie profondément à celui-qui-est-dans-le-miroir. Ce qui signale que vous êtes un adulte est que vous regardez dans le miroir et vous n'avez pas à penser deux fois pour croire que c'est ce que vous êtes. Vous savez que c'est vous. Je crois profondément que je suis mon apparence, que je suis celui que je vois dans le miroir, que je suis au Centre, à zéro centimètre, ce que vous me voyez être à une distance de quelques mètres. En acceptant d'être face à face avec les autres, je « sais » que je suis séparé de tout le monde.

Contagieux

Cette étape est également contagieuse. Quand je crois et agis comme si j'étais dans un corps ici, je vous traite alors comme si vous étiez dans le même état là-bas. La « vérité » sous-jacente grâce à laquelle je vis est : « Je suis dans un corps, vous êtes dans un corps. » L'expérience du bébé est : « Je ne suis pas dans un corps, vous n'êtes pas dans un corps. » L'expérience de l'enfant est : « Je ne sais pas dans quel corps je suis encore. Venez être ce que vous voulez avec moi. » L'adulte : « Je suis derrière un visage ici et vous êtes derrière un visage là-bas. » Me voyant moi-même de cette manière, je vous vois de la même manière – et vous acceptez mon message. Quand je vous regarde, vous vous sentez regardé par moi. Je vous communique ce que je vous vois être. Je vous dis par toutes sortes de signaux verbaux et non verbaux que vous êtes une chose, une personne. Non seulement vous acceptez mon message, mais vous me le renvoyez. Quand vous me regardez, je me sens aussi regardé – je suis conscient de moi-même en tant que personne à vos yeux. Vous n'avez qu'à regarder quelqu'un et vous lui communiquez que vous êtes une personne et qu'il est une personne. Nous nous soutenons maintenant mutuellement, nous aidant tous deux à maintenir notre conscience de ce à quoi nous ressemblons et notre identification avec cela. Nous nous disons les uns aux autres : « Ma conscience est derrière mon visage ici, votre conscience est derrière votre visage là-bas. Nous sommes face à face, nous sommes séparés. Mes sensations sont contenues dans mon corps, vos sensations sont dans votre corps. Mes pensées sont ici dans ma tête, vos pensées sont là-bas dans votre tête. » Dans la troisième étape, celle de l'adulte, vous avez parcouru un long chemin depuis le temps où vous étiez un bébé et n'aviez pas développé le sentiment de vous-même et des autres.

Déni de qui nous sommes réellement

À l'âge adulte, ma profonde acceptation de la réalité du moi et des autres s'accompagne de la négation de la réalité de ma Nature spatiale, de qui je suis vraiment. Si quelqu'un se réfère à l'absence de tête, je rejette l'idée en tant qu'adulte. « Que voulez-vous dire, que je suis sans tête ? C'est fou ! Bien sûr, que j'ai une tête ! Je suis une chose ici, pas un Rien. Je sais que je ne peux rien voir, mais je sais que ma tête est ici. »

La peur de ne pas être

Lorsque vous êtes adolescent et que vous voyez qui vous êtes en société, la dernière chose que vous voulez être c'est de n'être personne – vous voulez être quelqu'un. Vous ne voulez pas être laissé de côté. Vous ne voulez pas être le dernier choisi pour l'équipe. Nous avons besoin d'appartenir à quelque chose, nous avons besoin d'être acceptés, nous ne voulons pas être rejetés. Donc, l'idée de n'être rien, d'être une non-entité, d'être personne, un perdant, est considérée comme la pire chose possible. Ne pas savoir quoi dire, voir que les mots vous manquent, ne pas savoir qui vous êtes ou à quoi vous êtes bon – nous redoutons ces choses. Vous devez découvrir qui vous êtes, obtenir le meilleur de vous-même, être rapide, éviter de perdre du temps. Nous comprenons ce désir d'être quelqu'un. C'est approprié et sain car nous grandissons pour nous développer, pour devenir quelqu'un, pour réussir. Mais il n'est pas surprenant qu'en nous se cache la crainte de glisser et de tomber dans l'abîme, l'obscurité de notre Centre – le Rien que nous faisons de notre mieux pour éloigner de nous. Et que nous pensions beaucoup à cela ou pas, nous savons qu'en fin de compte nous mourrons, que tout ce que nous avons accompli et sommes devenus va disparaître. Si nous grattons la surface assez profondément, le non-être nous regarde en arrière de son œil menaçant.

Le mieux que l'on puisse obtenir

La société nous dit que la troisième étape, être l'adulte, est la phase finale du développement. C'est ce qu'est la vie – grandir, c'est découvrir qui vous êtes en tant qu'individu (vous n'avez pas le choix de votre naissance), puis prendre la responsabilité de cette personne. D'après la société, c'est ça, plus ou moins. Il n'y a pas une autre étape dans le sens où vous ne pouvez pas devenir quelqu'un d'autre, vous ne pouvez pas changer radicalement votre identité. C'est celle-là. C'est la meilleure que vous puissiez obtenir. Maintenant, votre tâche est de tirer le meilleur parti des cartes que vous avez reçues. Puis vous mourez ! Nous sommes dans un centre bouddhiste ici – vous y êtes arrivé pour mourir ! Maintenant que je m'identifie à celui-qui-est-dans-le-miroir, quand celui-ci meurt, je meurs. C'est tout. D'après la vision sociale, je suis parti. En fin de compte, tout ce que je tenais pour cher se transforme en poussière. C'est compréhensible si je ne peux pas voir le sens, le but de la vie. À quoi rime tout cela ?

Quatrième étape – le voyant

Mais la troisième étape, l'adulte, n'a pas à être la fin de l'histoire. Potentiellement, vous pouvez passer à la quatrième étape du « voyant » – être une personne et être l'Unique qui contient tout. C'est avoir complètement grandi, c'est être en pleine maturité. Vous n'avez pas grandi complètement si vous ne vous êtes pas réveillé pour être l'Unique.

Déguisé

Maintenant, vous êtes conscient de votre apparence et de votre Réalité. Vous êtes l'Unique, mais vous êtes aussi l'Unique déguisé. Pourquoi riez-vous ?

Graham : Parce que c'est vrai !

Richard : Oui, vous êtes l'Unique déguisé en Graham. En secret, vous savez que vous êtes l'Unique – vous n'êtes pas Graham, vous êtes tous les autres ! Mais vous prenez toujours la responsabilité d'être Graham et d'agir comme si vous l'étiez. Vous êtes les deux. Nous partageons maintenant un secret parce que, de l'extérieur, personne ne voit votre Nature sans tête. C'est une expérience privée. C'est un secret. Pourtant, tous les gens font l'expérience de cet Espace ouvert où ils sont – nous partageons donc ce secret. Bien que je me manifeste en tant que Richard et que vous vous manifestiez en tant que Graham, nous sommes tous les deux conscients d'être l'Unique. Nous partageons ce merveilleux secret.

C'est comme d'être un roi déguisé dans son propre pays. À la troisième étape, vous ne saviez pas que vous étiez le roi, ce n'était donc pas votre pays et ce n'était pas vos sujets. Mais maintenant, bien que vous vous soyez éveillé au fait que vous êtes le roi, ou la reine, l'Unique, vous continuez à apparaître comme une personne ordinaire. Personne d'autre ne peut voir que vous êtes l'Unique. C'est amusant que les gens ne sachent pas qui vous êtes réellement. Sauf qu'ils le savent ! Ils le savent et ils ne le savent pas. Mais vous continuez à faire marcher votre personnage. Vous êtes déguisé. Vous êtes l'Unique déguisé en tant que personne.

Contagieux

Dans la troisième étape, vous souscrivez à la croyance : « Je suis dans un corps, vous êtes dans un corps. » C'est très contagieux. Non verbalement je vous transmets l'idée : « "Je" suis dans un corps, vous êtes dans un corps, nous sommes séparés, nous sommes face à face. » Dans la quatrième étape, vous êtes conscient d'être sans tête, que vous n'êtes pas dans un corps. Cette quatrième étape est aussi contagieuse que les autres. Dès l'instant où vous êtes conscient de qui vous êtes réellement, vous transmettez votre Réalité sans tête de manière forte et claire à tous ceux qui vous entourent. Vous ne pouvez manquer de transmettre cette Conscience. En même temps, vous êtes toujours conscient que, pour les autres, vous êtes dans un corps et que vous vous identifiez avec votre corps. Donc, vous avez deux choses qui se passent – vous êtes conscient d'avoir une identité à deux faces. Vous ne régressez pas à l'état de bébé qui est sans tête, mais qui n'est pas encore conscient de lui-même en tant que séparé. Vous êtes maintenant conscient à la fois de votre Réalité et de votre apparence. D'un côté, vous êtes conscient que votre « petit moi » est là-bas dans le « film », c'est l'un des personnages. De l'autre, voici ici cet Espace ouvert où vous êtes libre du « petit moi ». Vous vous identifiez toujours à votre apparence, j'en suis sûr. Je le fais aussi. Mais ça va, ça fait partie du « film ». Vous êtes maintenant en train de faire part de vos deux identités – « Je suis une personne, je ne suis pas vous ; vous êtes une personne et vous n'êtes pas moi », et « Je suis Espace pour vous et vous êtes Espace pour moi ».

Conscience de soi

Vous voyez maintenant qui vous avez toujours été. Maintenant, vous découvrez la différence que cette Vision introduit dans votre vie. Par exemple, prenez le sentiment d'être regardé par les autres, en sentant que tous ces yeux vous observent – en vous ressentant conscient de vous-même. Vous pouvez être conscient de ce qui se passe maintenant dans ce groupe. Quand je vous regarde, vous vous sentez regardé. Je n'ai qu'à vous regarder et je vous communique non verbalement : « Je vous vois, vous êtes une personne ». Je vous renvoie votre apparence. C'est pourquoi les gens n'aiment pas être regardés parfois, parce qu'ils se sentent gênés, sous inspection. Ils sentent qu'ils ont été rendus solides, qu'ils ont été transformés en une chose. Vous connaissez le mythe de Méduse, la déesse grecque qui avait des serpents au lieu de cheveux ? Vous ne pouviez pas la regarder, car si elle vous regardait, vous étiez transformé en pierre. Le héros est Persée et sa tâche est de la tuer. C'est un mythe qui se rapporte à ce dont nous parlons parce que, dans la troisième étape de l'adulte, quand vous n'êtes pas encore conscient de votre Nature sans tête, regarder des yeux vous fait sentir que vous êtes regardé, vous vous sentez gêné – ces yeux vous transforment en chose, comme Méduse transformait les gens en pierre. Lorsque vous êtes transformé en pierre, on appelle cela être « pétrifié », ce qui signifie aussi avoir peur de votre esprit. Chaque œil a le pouvoir de vous transformer en une chose, de vous pétrifier. Comment Persée tue-t-il Méduse ? Il ne la regarde pas directement parce qu'il sait que ses yeux le tueraient, alors il la regarde indirectement dans son bouclier – il l'utilise comme un miroir – et puis, la voyant par son reflet, lui coupe la tête. Votre Vraie Nature est le bouclier, le miroir – cette Clarté est comme un miroir – elle est claire mais, en même temps vous voyez le monde en elle, parfaitement reflété. Lorsque vous regardez quelqu'un et que vous voyez votre Nature Claire, vous voyez que ses yeux ne vous transforme pas en chose. Vous êtes la Non-Chose, Rien. Même si vous pouvez vous sentir conscient de vous-même, en même temps vous voyez que vous restez Transparent. Vous n'êtes pas solide, pas une chose, là même où vous êtes.

Chaque fois que vous vous sentez anxieusement gêné, vous pouvez maintenant appliquer le remède d'être consciemment cet Espace transparent. Cela peut vous aider dans ces moments où vous vous sentez tellement sous inspection que vous gelez, quand vous sentez que vous ne pouvez pas être vous-même. Appliquez alors ce remède. Et soyez patient avec vous-même – les choses prennent du temps pour se dénouer. Quand Persée eut tué Méduse, il mit sa tête dans un sac et la ramena au roi – le mauvais roi qui lui avait donné la tâche de la tuer. Le roi regarda dans le sac pour s'assurer que la tête de Méduse était là. Mais les yeux de Méduse avaient encore leur pouvoir et le roi devint de la pierre. Ainsi, un regard sur votre Vraie Nature ne suffit pas – les yeux des autres conservent encore leur pouvoir. Vous devez continuer à revenir chez vous, vers qui vous êtes vraiment, continuer à voir que ces yeux ne vous pétrifient pas.

Se souvenir

Nous savons où regarder. Voir notre Visage Originel n'est pas la partie difficile, la partie la plus difficile est de se le rappeler. Ces expériences amènent maintenant cette Conscience dans ce groupe. Vous vous rendez compte que vous pouvez voir qui vous êtes vraiment avec d'autres. En fait, les choses mêmes qui me faisaient sentir que j'étais sous inspection – les yeux des autres – peuvent maintenant me rappeler que je ne suis pas sous inspection. Ce qui nous met dans la « boîte » – dans la boîte de nos corps et de nos esprits – ce sont les autres. Maintenant, vous pouvez utiliser les autres pour vous sortir de la « boîte ». Lorsque vous êtes avec les autres, prenez l'habitude de remarquer que vous êtes sans yeux et sans visage – visage là-bas à Non-Visage ici. Les autres deviennent de grands pointeurs vers qui vous êtes vraiment.

Retourner à la maison

Dans la première étape, le bébé, je suis le Rien, la Non-Chose. Je ne sais pas ce que c'est que d'être quelque chose. Dans la deuxième étape, l'enfant, je suis le Rien mais j'apprends à être quelque chose, à être quelqu'un. Dans la troisième étape, l'adulte, j'ai découvert qui je suis dans la société. Je me suis installé dans mon apparence en en faisant ma maison, pour ainsi dire. Aujourd'hui, nous sommes éveillés à l'état sans tête, à notre Véritable Maison. Comme nous nous sommes éloignés de notre Absence de tête, éloignés de l'Ouverture du bébé, y revenir a maintenant une valeur spéciale qu'elle n'aurait pas eue si nous ne l'avions jamais quittée.

Laura : C'est donc une belle initiation qui nous y fait revenir aujourd'hui ?

Richard : Oui, aujourd'hui, nous sommes initiés pour revenir à notre véritable nature originelle. « Que connaît-il de l'Angleterre celui qui ne connaît que l'Angleterre ? » Que savez-vous de votre Maison si vous êtes seul à la connaître ? Lorsque vous revenez à ce que vous êtes vraiment, vous pouvez apprécier l'Ouverture ici d'une nouvelle manière – après avoir été loin d'elle. Maintenant vous la voyez avec de nouveaux yeux.

Laura : Le fils prodigue.

Richard : Oui. On peut trouver cette idée dans diverses traditions spirituelles. Le voyage au loin est nécessaire. Nos vies sont une histoire merveilleuse. On nous a dit que le livre se terminait avec le chapitre trois, le stade de l'adulte, mais tout à coup vous découvrez qu'il y a un autre chapitre, la quatrième étape du voyant. Un tout nouveau chapitre ! C'était génial de quitter notre Vraie Maison, que nous ayons fermé la porte donnant sur ce jardin secret, parce que nous y revenons maintenant – nous revenons à la Maison que nous n'avons jamais vraiment quittée.

Recto-verso

Sarah : Je suis totalement Ouverte en tant que qui je suis – si je l'acceptais totalement, n'oublierais-je pas mon moi public ?

Richard : Je ne pense pas que cela arrivera parce que votre identification au fait d'être une personne est très profonde. Vous n'oublierez jamais complètement qui vous êtes en tant que personne, vous ne perdrez jamais complètement cela.

Sarah : On a deux identités.

Richard : Oui. Est-ce que votre conscience d'être une personne, d'être Sarah, fait obstacle à la manière de voir votre Nature sans tête ?

Sarah : Je ne sais pas. Je vais devoir vérifier.

Richard : Eh bien, vérifiez-le maintenant. N'attendez pas.

Sarah : Oui, oui, je le fais.

Richard : Pouvez-vous voir votre tête ?

Sarah : Non, je ne peux pas. Ah ! Je viens de saisir ! Ah ! J'ai saisi !

Richard : Vous pouvez vous sentir profondément identifiée avec Sarah et, en même temps, vous ne pouvez pas voir votre tête. L'identification avec Sarah ne fait pas obstacle au fait de voir qui vous êtes réellement. En fait, l'identification avec la personne met en évidence qui vous êtes vraiment. S'identifier avec l'image que vous avez de vous-même est un beau développement dans la Conscience. Nous n'essayons pas de redevenir des bébés inconscients.

Vous êtes à la fois le « petit moi » et le Grand Unique en même temps. Vous êtes les deux. C'est être Chez Vous, être qui vous êtes vraiment, même avec tous vos défauts. Chez Vous, comme vous l'êtes. Comme dans la chanson *Amazing Grace* – tel que je suis, pauvre malheureux – quelque chose comme ça. Je peux voir qui je suis vraiment tel que je suis, même si je suis malheureux. L'expérience dont je parle est simplement le fait de remarquer que vous ne pouvez pas voir votre tête. Vous n'avez pas à penser à cela pour le voir. Vous regardez, c'est tout. Pouvez-vous voir votre tête maintenant ?

Ne rien craindre

Ceci, c'est l'expérience directe de qui nous sommes réellement. C'est fiable. Cela peut être testé. Maintenant, ça change le jeu, ça change nos vies. Quand vous grandissez et découvrez quelle identité vous avez, quand vous traversez vos années d'adolescence, vous voulez être quelqu'un – la dernière chose que vous voulez être, c'est n'être personne, une non-entité. Dans la quatrième étape de la vie, le stade du voyant, nous découvrons ce qu'est la non-entité réelle. Nous voyons que le Rien, la Non-Chose, en notre Centre n'est pas seulement vide, il est plein – rempli de tout. C'est l'Être. Ce n'est pas cette horrible chose dont nous avons peur, qui se cache quelque part en nous, qui pourrait nous engloutir à tout moment. La perte, la non-entité, le rien, la disparition, la non-appartenance – tout cela semble différent quand vous voyez qui vous êtes vraiment. Maintenant, nous pouvons être dans le Centre où nous n'avons pas besoin d'être quelque chose ni de savoir quoi que ce soit, où en fait, nous savons que nous ne pouvons pas être ou ni savoir quoi que ce soit, mais où nous voyons que nous sommes bien. JE SUIS – mon Être est. JE SUIS – à la fois vide et plein.

Un voyage étonnant

Nos vies sont un voyage étonnant. Au début de votre vie, vous commencez en tant qu'Unique et vous n'êtes pas conscient des autres – vous êtes un bébé sans tête. À l'âge adulte, on vous a appris à être conscient des autres, à être conscient des nombreuses personnes, et vous avez appris à rejeter la réalité de l'Unique. Il vous fallait passer par ce processus pour développer une conscience profonde du moi et des autres. Les autres ne sont pas seulement des « images-dans-la-Conscience » – vous acceptez qu'ils soient réels. Bien que vous ne puissiez pas prouver la réalité des autres, vous avez la conviction profonde qu'il y a les autres ici dans cette pièce – d'autres qui ont leurs propres pensées et sentiments même si vous n'avez pas l'expérience de tout cela directement. Avec chaque fibre de votre corps, vous agissez comme si les autres étaient réels et que vous étiez réel – vous en tant que moi séparé. Maintenant, éveillé à votre expérience privée d'être l'Unique, vous avez encore ce sentiment des autres, vous êtes toujours convaincu de la réalité de nos moi publics. Loin d'avoir à vous débarrasser de ce sentiment, vous voyez que ce sentiment de la réalité du « moi » et des « autres » signifie que vous, en tant qu'Unique, avez vraiment le sentiment que vous parlez avec d'autres – vous n'êtes plus la « seule personne ». Il y a les « autres » à qui parler de toutes sortes de choses, y compris du fait que vous et eux êtes l'Unique ! Comme c'est dingue ! Nous discutons ici aujourd'hui et nous pouvons être conscients que nos nombreuses voix proviennent d'un unique Orateur, qu'elles se produisent dans cette Conscience unique. Je suis conscient maintenant que je suis l'Unique et que vous êtes l'Unique et que j'aime parler avec vous à ce sujet – en parlant avec vous, qui êtes à la fois moi et pas moi-même !

Chapitre 13

Le cercle sans tête

Levez-vous et faites un cercle. Mettez vos bras autour de vos voisins et regardez votre propre corps vers le bas.

Vous voyez vos pieds, vos jambes, votre torse. Ensuite, vous disparaissez au-dessus de votre poitrine dans cet Espace ouvert à partir duquel vous regardez – votre Œil Unique.

Il y a deux côtés de vous-même – il y a votre corps, en bas, et cette Conscience claire, sans limites, regardant votre corps. Pourtant, ces deux côtés de vous-même ne sont pas séparés. Votre corps n'est pas séparé de cette Conscience.

Regardez en bas le sol au milieu du cercle. Vous pouvez voir le cercle des pieds, le cercle des corps. Tous les corps fondent autour de la poitrine ou au niveau de la taille – ils disparaissent tous dans le même Espace au sommet dans lequel votre corps disparaît. Est-ce vrai ? Est-ce que tous ces corps sortent du même Espace dont votre corps sort ?

Vous venez de vous augmenter de tous ces corps ! En bas, nous sommes nombreux et différents et au sommet nous sommes Un seul et même être. Il n'y a pas de ligne de division dans cet Espace en haut. Vous ne pouvez pas le diviser. Tous les corps sont maintenant les vôtres – ils sortent tous de cette Conscience. Vous n'êtes pas une partie de cette Conscience, vous en êtes la totalité. Elle est indivisible.

C'est d'abord voir, et non pas penser. Vous n'avez pas à comprendre cela d'une manière particulière. Si mes mots ne vous conviennent pas, trouvez les vôtres ou n'utilisez pas de mots du tout.

Ce n'est pas non plus un sentiment. C'est neutre. Vous n'avez pas à ressentir la même chose que tout le monde. Il n'y a pas de bonne façon de répondre. Vous n'avez pas à vous imaginer cela. D'ailleurs, vous devez vous imaginer vous-même pour cela !

Tous les corps sortent de cette Clarté. En bas, nous sommes nombreux, nous sommes distincts, nous sommes différents, et au sommet nous sommes l'Unique, la même non-entité. Il n'y a pas de ligne de séparation au sommet, ni de noms sur cette Conscience, ni de nationalités, ni d'âge. C'est visible, évident, sain.

Bien, asseyons-nous.

N'est-ce pas incroyable ! Quelle belle façon d'apprécier le Nombre et l'Un. Et si nous sommes de retour sur nos chaises et que vous pouvez voir le visage de tout le monde maintenant, il continue à y avoir une seule Conscience et elle contient tout le monde. Cette Conscience valide la multiplicité et la différence. Là-bas, dans le groupe, la séparation est normale et saine ; ici, dans l'Espace, l'unité est normale et saine. Nous n'essayons pas d'imposer l'unité là où elle n'est pas à sa place. Cette Conscience nous donne la liberté d'être différents, nous donne la liberté d'être les individus que nous sommes.

Andrew : Ce n'est pas l'Un *ou* le Nombre, c'est l'Un *et* le Nombre.

Richard : Oui. Maintenant vous êtes conscient de cette Conscience Unique qui appartient à tout le monde. Tous ceux qui ne sont pas présents ici dans ce groupe sont encore fondamentalement cette Unité. L'enfant que nous pouvons entendre jouer dehors, quelqu'un de l'autre côté de la planète, quelqu'un il y a mille ans, peu importe – cet Espace n'exclut personne. Vous incluez tout le monde et toutes les choses.

Vous voyez cet Espace pour tout le monde, n'est-ce pas ? Vous incluez tout le monde, il n'y en a qu'Un.

Chapitre 14

Le soleil de mon âme

Cette expérience aborde le mystère du Nombre et de l'Un sous un angle différent. On l'appelle Le Soleil de Mon Âme. Nous allons refaire d'abord le Cercle Sans Tête.

Levez-vous, faites un cercle et mettez vos bras autour des épaules de vos voisins. Regardez en bas votre corps. Observez vos jambes et votre torse et la manière dont votre corps disparaît dans votre Œil Unique. Votre corps sort de l'Unique. Maintenant, regardez le sol et observez le cercle des pieds, le cercle des corps – ils disparaissent tous au niveau de la taille ou au niveau de la poitrine dans l'Unique en haut. En bas, nous sommes Nombreux, au sommet nous sommes Un.

Laissez tomber vos bras à vos côtés. Tournez-vous de manière à être toujours dans le cercle, mais faites maintenant face à l'extérieur du cercle à partir du centre. C'est maintenant l'expérience du Soleil de Mon Âme. Vous commencez par tendre vos bras. Faites d'abord l'expérience rapidement. Ensuite, laissez tomber vos bras afin qu'ils ne se fatiguent pas et faites l'expérience à nouveau, mais plus lentement, afin de pouvoir approfondir les choses d'une manière plus détendue.

Ouvrez vos bras en forme de « V » de sorte à prendre votre vue dans vos bras. Entre vos mains, il y a votre vue du monde, votre vue unique vers l'extérieur. Laissez vos bras chevaucher les bras des autres de chaque côté de vous ou laissez-les en dessous des leurs.

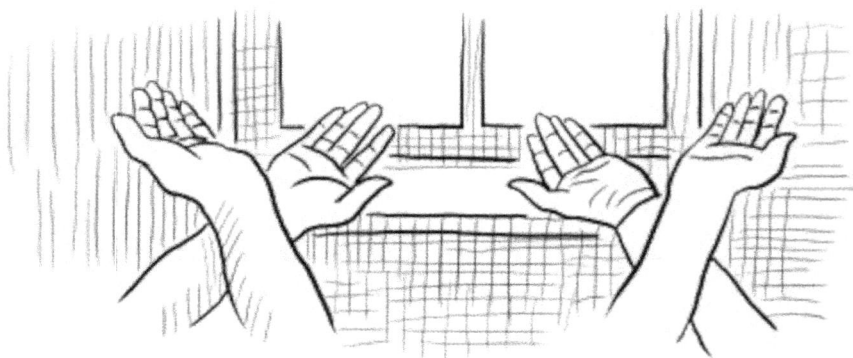

Cela indique que ce que voient vos voisins chevauche ce que vous voyez – peut-être la même fenêtre ou la même chaise.

Vous pouvez également voir que vos bras sortent de votre Œil Unique, hors de l'Espace où vous êtes. En même temps, vous pouvez voir les bras de vos voisins de chaque côté de votre Vue et qu'ils les tendent aussi à partir de votre Œil, hors de votre Conscience. Maintenant laissez tomber vos bras. Nous y reviendrons plus lentement.

Votre vue est la vôtre et la vôtre seule. Seul vous, pouvez faire l'expérience de votre Vue. Seul vous, pouvez faire l'expérience de vos pensées et de vos sentiments ; seul vous, pouvez faire l'expérience de votre vie. Lorsque vous parlez avec d'autres, vous les entendez parler de leurs Vues. Vous comprenez que leurs Vues chevauchent votre Vue, comme leurs bras chevauchaient les vôtres – vous voyez la même fenêtre ou la même chaise, vous faites l'expérience du même atelier. S'il n'y avait pas de chevauchement, vous n'auriez rien en commun avec les autres à propos de quoi communiquer. Mais vous ne faites jamais l'expérience de leurs Vues, vous entendez parler de celles-ci de seconde main. Vous acceptez que tout le monde ait une Vue, mais c'est un ouï-dire. Ainsi, vous avez votre Vue vers le dehors, l'expérience de votre vie, et quand vous parlez avec d'autres vous découvrez ce que sont leurs Vues vers le dehors et comment elles chevauchent la vôtre.

Maintenant, soyez conscient que vous regardez à partir de votre Œil Unique, de l'Un. Vous voyez que celui qui est conscient de votre Vue, de votre expérience, de votre vie, c'est l'Unique – c'est Celui qui voit, entend, pense, maintenant, c'est Celui qui vit vraiment votre vie. Votre vie se manifeste dans l'Unique.

Quand vous parlez avec les autres, ils vous disent qu'ils regardent aussi à partir de l'Unique. Leurs vies se manifestent également dans l'Unique, elles s'épanchent de l'Unique. Leurs descriptions de l'Unique s'adaptent parfaitement à votre expérience – c'est illimité, intemporel, sans nom ... Pourtant, chaque personne a une Vue particulière et différente qui survient dans l'Unique – la vie unique de chaque personne s'épanche de l'Unique, tout comme la vôtre.

Vous faites directement l'expérience de votre propre Vue à partir de l'Unique, vous entendez parler des Vues des autres à partir de l'Unique. Beaucoup de Vues sortant d'une Conscience Unique. C'est une façon de penser au mystère du Nombre et de l'Un. Cela n'explique pas ce mystère, cela en donne une image.

Nous pouvons nous asseoir maintenant.

Vous voyez que votre vie se déploie dans l'Unique. Maintenant vous comprenez que la vie de chacun se déploie dans l'Unique. Jésus a parlé de la présence de « plusieurs demeures dans la maison de Dieu ». Ma vue est l'une des nombreuses Vues à partir de la Conscience Unique – elle est l'une des nombreuses « demeures » dans la maison de Dieu. Je fais l'expérience de ma vie se déployant en Dieu. Ensuite, j'entends parler de la vie des autres, se déployant en Dieu – d'autres demeures dans la maison. Beaucoup de demeures dans la maison de Dieu.

William : Cet exercice est très puissant, car s'il n'y avait que ma Vue, cela donnerait un sentiment extrême de claustrophobie et d'isolement. Mais d'avoir sa Vue dans le contexte des autres !

Richard : Oui, quelle belle chose. Ma vue vers le dehors chevauche ce que vous me dites au sujet de votre vue vers l'extérieur. Je peux voir ce dessin sur le tapis. Pouvez-vous le voir ? Vous dites oui. Eh bien, j'espère que vous pouvez le voir. Je n'ai pas votre expérience de ce tapis, je vous entends seulement confirmer que vous le voyez. Mais je réponds comme si vous le voyiez. En ce sens, nos Vues se chevauchent. Nous avons un angle de vue différent sur lui – ce qui le rend intéressant ! En plus, nous le regardons tous les deux à partir du Rien, de sorte que ma Vue et ce que je vous entends dire de votre Vue se produisent dans l'Unique. Le fait que nous puissions tous deux voir le tapis rend la communication possible. Mais notre chevauchement est un peu désinvolte, car comment puis-je savoir que ce que je vois comme rouge n'est pas bleu pour vous ? Nous ne pouvons jamais savoir avec certitude que nous voyons la même chose parce que ce que l'autre voit n'est que ouï-dire. Mais nous allons dans ce sens et cela semble fonctionner.

Maintenant, nous allons prendre conscience de l'endroit à partir d'où nous regardons. Vous ne pouvez pas le voir différemment de moi. Vous ne pouvez pas le voir un peu plus clairement. Ce n'est pas bleu ou rouge, n'est-ce pas? Cela n'a pas de forme, donc nous ne pouvons pas en saisir faussement la forme. Cela n'a pas d'âge. C'est une communication parfaite, n'est-ce pas ? Cela unit. N'avoir que la Vue vers le dehors nécessite d'être séparé, cependant nous sommes unanimes à penser que nous nous comprenons. Nous sommes dans des corps différents. Mais maintenant, quand nous nous éveillons à ce que nous sommes réellement – c'est une union, n'est-ce pas ? Oui. Une union totale. En même temps, nous continuons à avoir ce précieux sentiment de différence, d'altérité.

Chapitre 15

Mouvement

Cette expérience est liée au mouvement – vous devrez tous courir dix fois autour de la propriété … Je plaisante !

Je vais vous montrer ce que vous allez faire – vous allez vous lever, pointer vers votre Non-Visage, tourner lentement en rond sur vous-même et voir si vous vous déplacez ou si c'est la pièce qui se déplace. N'y allez pas trop fort ! Levez-vous. Assurez-vous de ne pas heurter quelqu'un. Pointez vers votre Non-Visage, regardez votre doigt et tournez lentement. Bien sûr, arrêtez-vous si vous avez le vertige.

Ne voyez-vous pas les murs et tout ce qu'il y a dans la pièce bouger derrière votre doigt ? Est-ce vrai ?

Mais l'endroit vers lequel vous pointez ne bouge pas, n'est-ce pas ? C'est la différence entre l'extérieur et l'intérieur. Regardé de l'extérieur, vous tournez autour et la pièce reste tranquille, mais de votre point de vue, c'est la pièce qui bouge et vous, vous restez immobile. C'est amusant, n'est-ce pas ? C'est si simple. Comme il est facile de partager ceci.

Vous pouvez remarquer cela quand vous marchez, quand vous conduisez. Il ne s'agit pas de penser : « Je suis immobile et le monde bouge. » Ce n'est pas penser qu'il faut, c'est voir. Vous pouvez donc penser à la manière dont votre corps descend la rue et, en même temps, avoir l'expérience non-verbale que la rue se déplace à travers vous. Vous ne manipulez pas de pensées ni de sentiments.

Remarquez autre chose concernant le mouvement – vous vous rappelez ce que je disais sur la grandeur ? Vous pouvez comparer une chose avec une autre chose – c'est plus grand, plus petit ou de la même taille. Ensuite, vous regardez la Vue en son entier et il n'y a pas un autre Œil Unique à droite ou à gauche pour être comparé au vôtre – il n'y a qu'un Œil, vous ne pouvez donc pas dire à quel point il est grand. C'est le seul. Vous pouvez également regarder n'importe qui ici, dans le groupe, et voir une limite autour de ces corps. Il y a quelque chose autour. Ensuite, vous regardez la Vue en son entier, là où est votre Œil Unique, et il n'y a rien autour. L'Œil n'est pas placé sur un arrière-plan plus grand. Vrai ? Oui.

Le mouvement est également relatif dans le sens que, si je bouge ma main, vous pouvez dire qu'elle bouge parce que vous pouvez la voir se déplacer sur un arrière-plan. Si le mur se déplaçait en même temps et à la même vitesse que ma main, alors ma main serait immobile par rapport au mur. Si vous vous balancez de gauche à droite, vous pouvez voir quelque chose au premier plan se déplaçant par rapport à des choses à l'arrière-plan. Le mouvement est relatif. Maintenant prenez conscience de la Vue en entier. Pouvez-vous la déplacer vers la gauche ou vers la droite ?

Angela : Il n'y a ni gauche ni droite.

Richard : Il n'y a pas de gauche ou de droite, donc vous ne

pouvez pas la déplacer ! Maintenant, je vais vous inviter à marcher dans la salle et à remarquer que les choses se déplacent à l'intérieur de la Vue, mais que vous ne pouvez pas faire bouger la Vue en son entier. Voyez si vous pouvez déplacer la Vue en son entier. Il n'y a pas d'arrière-plan par rapport auquel vous pouvez la voir bouger. C'est plutôt amusant. Tout dans la Vue se déplace frénétiquement, mais la Vue en son entier flotte dans le Rien, dans la Tranquillité. Nous pouvons nous asseoir.

Ce n'est pas une idée abstraite, c'est une expérience concrète. Quelle que soit la distance que vous parcourez, vous ne pouvez jamais déplacer la Vue, l'Œil Unique.

Brian : Vous vous référez à l'écran, l'écran du film ?

Richard : À tout ça, oui. À tout, y compris mon corps, mes sensations ; tout dans ma vue se déplace, sauf la Vue en entier – il n'y a nulle part où la déplacer.

Voici une autre façon de penser à ce sujet – vous n'avez pas eu à venir à cet atelier, cet atelier est venu à vous. Vous n'allez nulle part. Vous n'avez jamais bougé d'un pouce dans toute votre vie ! Vous êtes toujours chez vous – c'est le décor qui change constamment !

Roger : Je conduis un autobus scolaire. C'est une chose nouvelle. Quand j'ai commencé à conduire, je n'étais pas habitué au grand bus et j'étais tendu. J'essayais d'aller quelque part. Mais dès que j'ai été l'Espace, j'ai réalisé que tout se déplaçait à travers moi. Je me suis détendu. Tout mon corps s'est détendu. C'était facile, si simple. Avec l'ancienne manière de faire, j'étais tendu.

Carol : D'habitude, au cours de ma journée, quand je travaille et que je conduis, c'est moi qui avance et c'est très stressant. Cette pratique me fait sortir du siège du conducteur de sorte que je suis plus à l'arrière-plan. Je reçois le paysage plutôt que de le traverser comme un bulldozer. C'est une perspective complètement différente – moins stressante, moins contrôlée. Je préfère être davantage une personne qui reçoit plutôt qu'une personne qui pense « sortez de mon chemin ! ». C'est comme ça. Recevoir tout cela.

Roger : J'aime cette phrase : « revenir chez soi ». Vous avez le sentiment que vous êtes chez vous, peu importe où vous êtes, et vous avez ce sentiment valorisant de stabilité, au lieu de toujours courir. Nous avons l'impression de toujours courir et d'essayer de trouver la sécurité pendant la plus grande partie de notre vie. Je courais, courais, courais. J'allais en vacances et puis, là-bas, je sentais que je devais rentrer à la maison. Peu importe où j'étais, j'étais déprimé et misérable.

Richard : Et maintenant, quand vous conduisez votre autobus scolaire, vous êtes chez vous et le bus entier est en vous !

Voici une autre expérience du mouvement. Levez-vous et tenez vos mains devant vous. Vous voyez vos bras sortir de votre Œil Unique. Ils y flottent, s'étirant à partir de l'Espace. Faites-les bouger un peu – laissez vos mains danser ensemble. Puisque vos bras sortent de l'Espace, vous pouvez dire que l'Espace fait bouger vos bras et vos mains. Vous ne savez pas ce qu'elles vont faire ensuite. Elles sont là, en train de danser.

Maintenant tenez-vous debout à côté de quelqu'un – mettez votre bras droit autour de l'autre personne de sorte à être proches et à pouvoir regarder ensemble dans la même direction (pour l'autre personne c'est le bras gauche). Tendez votre bras gauche (pour votre partenaire c'est le bras droit) devant vous afin que votre main soit près de la main droite de votre partenaire. Je remarque mon bras sortant de mon Œil Unique, mais, comme je regarde en avant, je vois que le bras de mon partenaire sort également de mon Œil Unique – hors de ma conscience. Faites bouger vos mains pour qu'elles dansent ensemble. J'ai fait pousser un autre bras ! N'est-ce pas bizarre ? Je ne suis pas plus à l'intérieur d'un bras que dans l'autre, ils sont tous deux en moi. Je danse avec les deux mains !

Restez à côté de quelqu'un d'autre et faites-vous pousser un bras différent ! Maintenant, nous pouvons nous rasseoir.

Chapitre 16

Distance

Richard : Nous jouons avec cela – vous avez saisi l'expérience. Nous explorons l'expérience de différentes façons. Celle-ci va vous époustoufler – elle est si ridiculement simple. Vous allez utiliser cette Carte comme une règle pour mesurer la distance entre deux choses. Choisissez deux têtes dans le groupe. Mettez une extrémité de la Carte devant une tête et voyez à quelle distance le long de la carte l'autre tête est, le long de cette « règle » improvisée. Simon est à mi-chemin le long de la règle de Paul, mais George est au bout de la règle de Paul. Vous avez saisi l'idée. Si vous choisissez quelque chose dans la Vue, vous pouvez mesurer jusqu'où elle est de quelque chose d'autre.

Maintenant mesurez à quelle distance vous êtes de l'une de ces têtes. Faites tourner la règle pour mesure la distance d'une de ces têtes à l'endroit à partir d'où vous regardez. La règle se rétrécit pour devenir un point. Il n'y a aucune distance !

C'est la même chose avec l'ensemble de la vue, cela n'est pas à distance de « vous ». Si vous dites que la vue est « là-bas » – là-bas depuis où ?

George : Par rapport à quoi ?

Richard : Il n'y a pas de point de référence au-delà de la Vue.

Kevin : Il y a quelque chose d'incommensurable dans cette façon de procéder et cela projette la Vue là-bas. D'ici, c'est la seule Vue qui soit là-bas. C'est une façon de lui donner une place, une situation.

Richard : Oui, c'est paradoxal. C'est très étrange. Nous ne pouvons pas définir cela en mots. Il n'y a pas de distance vers l'extérieur et pourtant on a l'impression que c'est là-bas, or c'est ici.

Kevin : C'est ici et là-bas.

Richard : Nous avons tout couvert !

Laura : L'expérience immédiate ne donne pas l'expérience d'une profondeur. C'est comme un écran de cinéma et l'image dessus. L'image semble avoir de la profondeur mais, dans l'expérience réelle, on a l'impression qu'elle n'a pas de profondeur du tout.

Richard : Je pense que nous pouvons accepter plus d'une description ici.

Laura : Oui, mais je ne crois pas que je ressens ça là-bas. Il me semble que je le connais exactement ici.

Richard : Je sais ce que vous voulez dire, oui. Je pense que c'est bizarre. On ne peut pas identifier précisément la chose. C'est très bizarre.

Chapitre 17

L'inclassable

Cette expérience consiste à placer un petit rond autocollant de couleur sur votre front ! Mais avant d'aller plus loin, il y a plusieurs règles que vous devez suivre. Tout d'abord, vous n'êtes pas autorisé à parler pendant l'expérience. Disons que s'il y a quelque chose que vous ne comprenez pas à propos de ce « jeu » – vous ne pouvez pas le demander ! Vous ne pouvez pas parler jusqu'à ce que nous ayons terminé. Ne pas parler est difficile à faire, même si vous êtes tous les méditants expérimentés que je suis sûr que vous êtes ! Ne pas parler signifie que vous ne pouvez pas poser de questions. Vous devez tolérer une légère confusion ou frustration pendant environ trois minutes !

Quand je mets l'autocollant coloré sur votre front, vous fermez les yeux pour ne pas voir la couleur. Ensuite, quand vous ouvrez les yeux, vous ne pouvez pas regarder dans un miroir ou une autre surface réfléchissante et vous ne pouvez pas toucher votre autocollant. Ensuite, je vais vous expliquer de quoi il s'agit. Fermez vos yeux. Je vais venir poser un autocollant sur votre front.

Première partie

Ouvrez les yeux. Voici la zone jaune ici dans cette partie de la pièce. Voici la zone argent, voici la zone brun, voici la zone rouge. Levez-vous. Je vais maintenant compter jusqu'à cinq. C'est le jeu – au moment où je dis cinq, tous ceux avec un autocollant jaune sur leur front doivent aller dans ce coin, tous ceux avec un autocollant d'argent viennent ici, tous ceux avec un brun ici, et tous ceux avec un rouge ici. Je vais compter jusqu'à cinq. Un, deux ... Vous devez bouger. Trois, quatre ... Allez ! Allez ! Vous devez vous déplacer ! [Les gens bougent.] ... Cinq.

Soyez conscient de votre réaction. Vous aurez du temps pour partager vos pensées et vos sentiments lorsque nous aurons terminé.

Deuxième partie

Si vous êtes à cent pour cent sûr que vous êtes dans la bonne zone en fonction de la couleur sur votre front, restez là. Mais si vous avez un doute, venez au milieu de la pièce. Dans le jeu, si vous restez dans une de ces zones et que vous avez tort, vous perdez tout, pour ainsi dire – tout votre argent. Mais si vous admettez que vous ne savez pas et que vous venez au milieu, vous ne perdez rien. [Certains vont le milieu, les autres restent là où ils sont.]

Certains d'entre vous sont restés dans leurs régions, vous devez être à cent pour cent sûr que vous êtes au bon endroit. Soyez conscient de la raison pour laquelle vous en êtes sûr à cent pour cent. Et tous ceux qui sont venus au milieu, soyez conscient de la raison pour laquelle vous n'êtes pas sûr.

Voici la zone rouge. Tous ceux qui ne sont pas dans cette zone regardent les rouges. Si ces deux types sont dans la bonne zone, mettez votre pouce vers le haut. Si au moins l'un d'entre eux est dans la mauvaise zone, mettez vos pouces vers le bas. OK, vous, les gars, soyez conscient de la façon dont vous réagissez. Pouces vers le bas ! L'un de vous n'est pas rouge ! Soyez conscient de vos réactions parce c'est vous qu'ils montrent les pouces vers le bas !

Voici la zone marron. Approchez-vous et regardez tout le monde dans ce groupe. Si ces trois personnes sont marron, pouces vers le haut, mais si au moins l'une d'elles n'est pas marron, pouces vers le bas. Qu'allez-vous indiquer – pouces vers le haut ou vers le bas ? Les messages sont mélangés ! Quelques pouces vers le haut, quelques pouces vers le bas ! Vous n'êtes pas sûr de savoir si l'un d'entre eux est marron ou pas ? Vous, les gars dans le groupe marron, soyez conscient de ce que vous ressentez à propos de cette réponse – des messages mélangés.

Voici la zone jaune. Il y a trois personnes ici. Si vous êtes à cent pour cent sûr que vous êtes jaune, restez là. Si vous avez un doute, venez au milieu. Vous êtes tous restés. D'accord. Si nous voyons que l'un de vous a tort, mettons notre pouce vers le bas. Pouces vers le bas ! Deux d'entre vous se déplacent vers le milieu de la salle – ce qui montre que la pression du groupe est puissante ! [Celui qui reste est le seul qui a tort !]

Être sûr signifie être absolument sûr – à cent pour cent et non pas à quatre-vingt-dix pour cent. Si vous avez un doute quelconque sur votre couleur, venez au milieu de la pièce. [Certains restent là où ils sont et d'autres vont au milieu de la pièce.]

Troisième partie

Maintenant, nous passons à la dernière partie de l'expérience. Il y a un moyen de déterminer dans quel groupe vous devriez être en fonction de la couleur de l'autocollant sur votre front. Si vous pouvez l'imaginer sans parler, sans regarder dans un miroir ou sans toucher votre autocollant, faites-le. [Certaines personnes déplacent les autres vers les différentes parties codées par couleur de la pièce.]

Si vous êtes maintenant à cent pour cent sûr que vous êtes dans la bonne zone, restez-y, mais si vous avez un doute, venez au milieu. [Certains déménagent, certains restent.]

Asseyons-nous.

Nous pouvons parler maintenant. Quelles sont vos pensées, vos réactions ?

Faire confiance aux autres

Mark : J'ai dû croire les autres sur parole pour savoir la couleur que j'avais.

Jennifer : J'espérais que quelqu'un me regarderait et me dirait : « Tu dois aller là. Maintenant, tu es au bon endroit. » J'ai dû faire totalement confiance à son point de vue.

Richard : Vous étiez dépendante de sa réaction.

Jennifer : Oui.

Angela : J'étais à cent pour cent confiante que j'étais du côté marron parce que j'étais avec ma mère et que je fais confiance à ma mère.

Richard : Je ne peux pas contester ça ! Tu as fait confiance à ta mère. Oui, nous faisons confiance à nos mamans.

Angela : Même si ce n'avait pas été ma mère, j'aurais eu confiance en d'autres personnes pour me dire que j'étais du côté marron, qu'elles ne me mentaient pas ou ne me trompaient pas.

Confusion

Nigel : Au début, quand on nous a dit d'aller dans l'une des zones, j'ai eu une intuition sur ma couleur. La deuxième fois, quand vous avez dit : « Essayez d'imaginer où vous devez aller», quelqu'un m'a tiré dans la zone marron. Ensuite, lorsque j'étais assis ici, les gens m'ont regardé comme si j'étais au mauvais endroit.

Richard: Ça doit avoir été déroutant.

Nigel : J'ai eu une crise d'identité !

Richard : C'est une expérience puissante, n'est-ce pas ? Vous étiez dérouté parce que vous receviez une réponse confuse.

Nigel : Oui.

Ne pas faire confiance aux autres

Peter : Je savais bien que je n'arriverai jamais à connaître la couleur, à moins que je ne la voie par moi-même, parce que je savais que tous ceux qui étaient dans la pièce aurait pu m'indiquer une mauvaise couleur. En effet, pourquoi devrais-je faire confiance à quelqu'un ? Même à ma propre mère, si elle était ici ! Elle aurait pu faire partie du jeu.

Sarah : J'étais assez sûre parce que j'avais reçu des indications sur là où je devais être. Mais ensuite, quand vous avez demandé : « Êtes-vous assez certain de tout risquer ? » Je ne l'étais pas, parce qu'il n'y a aucun moyen de pouvoir être sûr. Absolument aucun moyen.

Richard : Cela ne veut pas dire que vous ne pouvez pas faire confiance aux gens à quatre-vingt-dix-neuf pour cent, mais je disais cent pour cent.

Sarah : Certaines personnes sont aveugles à la couleur, donc vous auriez pu faire confiance à une personne qui était aveugle à la couleur, qui pouvait ou ne pouvait pas savoir qu'elle était aveugle à la couleur.

Richard : Elle pouvait donc se tromper sans le savoir.

Accepter de jouer

Richard : Au début, j'ai dit : « Au moment où j'aurais fini de compter jusqu'à cinq, vous devrez être dans la bonne zone ... » Que se serait-il passé si vous aviez tous décidé : « Je ne peux pas voir ma couleur donc je ne vais pas bouger » ?

Barbara : Nous nous serions simplement assis là.

James : Il n'y aurait pas eu de jeu.

Richard : Il n'y aurait pas eu de jeu. Si vous voulez jouer au jeu, vous devez deviner votre couleur ou faire confiance à quelqu'un. S'il n'y a pas de jeu, il n'y a ni plaisir ni apprentissage. Ne pas bouger aurait été compréhensible parce que vous ne pouviez pas voir votre couleur, mais alors il n'y aurait pas eu de jeu.

Carol : Le fait que nous vous ayons permis de mettre un autocollant sur notre front indiquait que nous avions déjà accepté de jouer le jeu.

Richard : Oui. À ce moment-là, vous étiez déjà tous dans le jeu.

Eric : Quand vous avez dit « allez dans votre zone », je n'ai pas bougé parce que je n'avais aucun moyen de savoir. Il n'y avait aucune raison de bouger, pas de raison d'aller quelque part.

Richard : Avez-vous bougé à la fin ?

Eric : J'ai fait un petit pas, pour aller sur la zone marron.

Richard : Pourquoi ?

Eric : Parce que vous nous avez demandé d'aller dans une de ces zones.

Richard : Pourquoi avez-vous fait ce que je vous avais demandé de faire ?

Eric : Je jouais le jeu.

Richard : C'est ça ! Si vous n'aviez pas joué, il n'y aurait pas eu de jeu.

Eric : C'est exact.

Richard: S'il n'y a pas de jeu, il n'y a pas de plaisir et il n'y a pas d'apprentissage. Imaginez que vous êtes un enfant et que vos parents vous disent : « Souris pour nous, Marie » – ou Jean, qui que vous soyez. Imaginez que vous puissiez répondre en mots et vous dites : « Je ne peux pas être à cent pour cent sûre que je suis Marie donc je ne vais pas répondre. » Le résultat aurait été que vous ne participiez pas à l'échange, à la communication – vous n'auriez pas joué au jeu de l'être humain. Pour jouer au jeu de l'être humain, au jeu de la vie, nous devons faire confiance aux autres, même si nous ne pouvons pas être à cent pour cent sûrs d'eux. Nous devons nous fier à l'idée qu'il y a quelqu'un dans chacune de ces têtes. Mais il n'y a aucune preuve absolue qu'il y a là-bas quelqu'un en fait. Vous ne ressentez pas mes sentiments alors comment pouvez-vous être à cent pour cent sûr que j'ai des sentiments ? Grandir, c'est apprendre à accepter que vous êtes là, à l'intérieur de ce corps, et que d'autres sont là-bas à l'intérieur de ces corps. J'apprends à faire confiance que j'ai un visage ici, même si je ne l'ai jamais vu ici. C'est apprendre à jouer au Jeu des Visages. Le « jeu des autocollants » est une version du Jeu des Visages. J'apprends à vous faire confiance quand vous me dites que j'ai un visage ici. Je l'apprends si profondément que j'oublie que je l'ai appris. Je pense alors que c'est vrai. « Je suis ce à quoi je ressemble. Bien sûr que je le suis ! » Alors tout ce que je fais vient de cette situation, n'est-ce pas ? J'agis depuis la position que je suis séparé de vous, que je suis derrière mon visage ici et que vous êtes derrière le vôtre. Je suis dans ce corps-ci et vous êtes dans ce corps là-bas. Si je ne l'accepte pas, je ne peux pas jouer au jeu, je ne peux pas y participer en tant que personne dans une société de vrais autres.

Établir les règles

William : J'ai bougé parce que je ne savais pas quoi faire d'autre. Cela semblait être la chose à faire.

Richard : Oui, tout le monde le fait !

William : Je n'ai pas eu le temps de vraiment y réfléchir.

Richard : Non, vous ne l'avez pas fait. J'ai mis beaucoup de pression. J'ai dit: « Allez, allez, allez-y. » Quand tout le monde s'est déplacé, vous avez accompagné la foule. Lorsque nous nous joignons à un groupe, nous essayons de déterminer quelles sont les règles de base du groupe. Dans cet atelier d'aujourd'hui, vous vous demandez peut-être si vous êtes autorisé à aller aux toilettes au milieu d'une séance. Avez-vous le droit de prendre une deuxième tasse de café ? Pouvez-vous sortir ? Nous observons ce que font les autres. Nous essayons de lire la situation pour déterminer ce que sont les règles tacites, ce qui est la bonne chose à faire.

Se sentir idiot

Mark : Je me sentais très mal à l'aise. Je me sens toujours très mal à l'aise parce que je me sens stupide ou quelque chose comme ça. Je pensais avoir manqué quelque chose dans les instructions. Je n'avais aucune idée de la manière dont tout le monde savait où aller. D'une manière générale, les gens étaient au bon endroit, sauf quelques-uns. Je suis allé à la zone argent parce que j'ai utilisé une sorte de logique. J'ai imaginé que les couleurs étaient également réparties. Je n'ai vu qu'un seul autocollant argent, j'ai donc pensé que je devais être argent. Mais je ne me souviens pas si vous avez dit quelque chose sur la distribution des couleurs. J'ai pensé : « Je n'ai aucune idée de ce que les autres savent. Comment l'imaginent-ils ? » Je me sentais très stupide.

Richard : Avez-vous vu des gens faire bouger d'autres personnes ?

Mark : Non, je n'ai pas vu ça.

Richard : Vous ne l'avez pas vu ! C'est de cette manière que les gens sont entrés dans les bonnes zones – d'autres personnes les ont placés là. Maintenant vous comprenez comment les gens sont allés dans les bonnes zones.

Mark : Oui. C'est ce qui m'a mis vraiment mal à l'aise. Je ne savais pas comment ils avaient découvert la zone où ils appartenaient. Comment ils avaient fait ça ?

Richard : C'est justement ce à quoi je faisais allusion, et cela reflète parfois notre expérience dans la vie. Lorsque nous grandissons, nous devenons membres de groupes, mais on ne nous explique pas les règles non dites. Nous devons essayer de comprendre ce que sont ces règles. Parfois, tout le monde semble savoir ce qui se passe sauf nous. Telle a été votre expérience dans ce jeu.

Jouer à ne pas jouer

Margaret : C'est drôle parce que, maintenant que j'ai pensé à ça clairement, je suis très remuée parce que je n'ai pas bougé. Maintenant, je me rends compte que c'est ce que j'ai fait toute ma vie – ne pas jouer le jeu. Je vais juste rester sur la touche, penser que j'ai raison et que vous tous passez à côté du sujet. C'est énervant d'entendre dire que je suis censé jouer à ce maudit jeu ! Je ne veux pas jouer. Non ! Comme un petit enfant.

Richard : Le jeu auquel vous jouez est : « Je ne vais pas jouer ! »

Le miroir comme ami

Laura : Je me sentais vraiment mal à l'aise. C'est comme ça que je me sens souvent dans la vie, comme si je n'appartenais pas à quelque chose, comme si je faisais une erreur.

Richard : Je sais. L'expérience est très puissante, et c'est juste un jeu d'autocollants !

Laura : Je devenais tendue.

Richard : Vous avez senti que vous n'étiez pas à votre place parce que ... ?

Laura : Parce que je recevais des messages contradictoires. C'est comme ça que je suis. Je regarde la réaction de tout le monde et j'y réagis ensuite tout le temps.

Richard : La seule façon de savoir de quelle couleur vous étiez passait par les réactions des autres, n'est-ce pas ? Mais vous êtes dans la confusion maintenant concernant la zone à laquelle vous appartenez, c'est ça ? Voulez-vous regarder dans un miroir et voir de quelle couleur vous êtes ?

Laura : Oui.

Richard : Regardez dans le miroir.

Laura : C'est orange ! Je pensais que j'étais rouge.

Richard : Oui, c'est orange et pas rouge. La confusion est venue du fait que l'orange est semblable au rouge – il est difficile de les distinguer. Vous auriez pu être rouge. Mais maintenant, regarder dans le miroir vous a montré clairement pourquoi vous obteniez des messages contradictoires des participants. Le miroir est vraiment utile, n'est-ce pas ?

Laura : Oui.

Richard : Maintenant vous n'êtes plus confuse. Même si vous n'appartenez pas à un groupe, parce qu'il n'y a pas de zone orange dans la pièce, vous n'êtes plus confuse.

Laura : C'est ça. Je ne suis plus confuse.

À cent pour cent sûr

Jennifer : Quelqu'un m'a déplacée dans l'un des groupes et je croyais qu'il avait raison.

Richard : En qui aviez-vous confiance ?

Jennifer : Anthony.

Richard : Anthony est vraiment une personne digne de confiance !

Eric : Je pense qu'Anthony a effectivement déplacé quelqu'un dans la mauvaise région !

Richard : Vous lui faites toujours confiance ?

Jennifer : Je n'ai aucune raison de ne pas lui faire confiance.

Richard : Mais il a déplacé quelqu'un dans la mauvaise région.

Jennifer : Vous ne le saviez pas avec certitude.

Eric : C'est vrai, mais je sais qu'Anthony aime jouer à des jeux. Il est malicieux.

Richard : J'ai dit : « Si vous en êtes à cent pour cent certain, alors restez où vous êtes. » Étiez-vous à cent pour cent sûre qu'Anthony allait vous mettre dans la bonne zone ?

Jennifer : Oui.

Richard : À cent pour cent?

Jennifer : Oui.

Richard : Comment pouviez-vous être sûre à cent pour cent qu'Anthony n'était pas aveugle à la couleur ?

Jennifer : Oh !

Richard : Oups !

Jennifer : Oui, oups !

Richard : C'est une bonne chose que vous n'ayez pas parié d'argent sur ce point !

Jennifer : C'est vrai.

Richard : Je ne dis pas qu'Anthony n'est pas digne de confiance. Je vous demandais si vous pouviez être sûre à cent pour cent qu'on pouvait lui faire confiance.

Jennifer : D'accord.

Vous devez faire confiance aux autres

Richard : En grandissant, nous sommes étiquetés par tout le monde autour de nous. Grandir est comme ce jeu auquel nous avons joué – vous découvrez qui vous êtes dans la société grâce à d'autres à qui vous faites confiance. Si vous ne leur faites pas confiance, alors pas de jeu, pas de société. Cette réaction des autres continue quand vous devenez adulte. C'est ce qui se passe maintenant dans cet atelier. Vous recevez continuellement des réactions des autres – tout le monde ici vous dit qui vous êtes tout le temps, verbalement et non-verbalement. Et vous l'acceptez. Je n'ai qu'à vous regarder et vous vous sentez regardé. Vous acceptez d'être ce que je vois que vous êtes – une personne. Vous ne pouvez pas voir votre visage, mais si vous n'acceptez pas que vous êtes ce que je vois – une personne avec un visage – alors vous ne pouvez pas « jouer ». Vous ne pourriez pas fonctionner dans la société parce que vous refuseriez d'accepter votre place dans la société en tant que personne.

Appartenir

Richard : Quand vous avez été accueilli dans un groupe par quelqu'un d'autre, l'avez vous bien ressenti ou mal ?

George : Je l'ai bien ressenti.

Richard : C'était bien. Ah, Dieu merci, quelqu'un veut de moi !

George : Exactement. C'était terminé ! Je savais où j'étais !

Richard : Oui, c'était fini. Lorsque vous êtes adolescent, vous voulez être accepté par vos pairs. Vous ne voulez pas être laissé de côté. Vous ne voulez pas être rien ou personne, vous voulez être quelqu'un. Il vaut mieux être quelqu'un que personne, n'est-ce pas ? Est-ce que d'autres ont eu ce genre de sentiment lorsque vous avez été accueilli dans un groupe – je vais bien maintenant. Je suis content de ne pas être ce pauvre type au milieu qui n'appartient nulle part !

David : Je me sentais vraiment mal parce que quand Kate est venue dans notre groupe, et comme je connais Kate depuis longtemps, j'ai pensé : « Tu n'appartiens pas à notre groupe. »

Richard : Oui. Il peut être difficile de repousser quelqu'un de son groupe, de le rejeter.

Anne : Je voulais prendre le gars qui était laissé au milieu et l'amener dans notre groupe, qu'il soit de couleur argent ou pas.

Richard : Qu'est-ce qui se passait pour vous là-bas ?

Anne : Je n'aime pas quand quelqu'un est laissé de côté.

William : J'ai pensé : « D'accord, je ne suis pas rouge, où est-ce que je vais maintenant ? » Mon sentiment quand les autres ont dit : « Oui », quand ils m'ont accueilli dans leur groupe, était que j'avais compris.

Richard : Maintenant vous vous sentiez bien. Cela cadre avec ce dont nous faisons l'expérience en grandissant. Au début de votre vie, vous ne savez pas dans quel groupe vous êtes. Ensuite, les gens vous aident à découvrir ce que vous êtes. Quand vous êtes un adulte, vous êtes sûr de quel groupe vous êtes – je suis un rouge et pas un jaune alors maintenant je vais agir comme un rouge. Je suis une personne, je ne suis pas un oiseau ou un train. Je suis un garçon et pas une fille, ou une fille et pas un garçon. Maintenant, j'appartiens à quelque chose. Maintenant je sais comment me comporter !

William : Oui.

Richard: J'ai besoin de savoir qui je suis dans la société. Je fais confiance aux autres pour m'aider à le découvrir. Si je ne faisais pas confiance aux autres, je ne pourrais pas fonctionner. Mais vous ne pouvez pas être à cent pour cent certain de votre couleur parce que vous ne pouvez pas la voir. Et vous ne pouvez pas être à cent pour cent certain que vous êtes une personne – avec un visage, comme tout le monde. Mais vous faites confiance aux gens à quatre-vingt-dix-neuf pour cent quand ils vous disent ce que vous êtes, ce qui signifie que vous pouvez fonctionner dans le jeu, dans la vie.

Qu'est-ce qui est certain ?

Y a-t-il quelque chose sur vous-même dont vous pouvez être sûr à cent pour cent ?

Margaret : Le vide.

Richard : Oui. Pointez maintenant vers votre autocollant – vous ne voyez pas votre autocollant, n'est-ce pas ? Vous ne voyez pas votre visage là. Vous voyez l'Espace Ouvert, non ? Est-ce que la prise de conscience de cet Espace Ouvert dépend des autres pour être confirmée ?

James : Non.

Richard : La réalité de votre vraie nature, de ce qui est le plus vous, du noyau de vous-même, ne dépend pas du fait que d'autres le confirment.

Carol : C'est évident.

Eric : Cela ne peut pas être confirmé par d'autres.

Brian : Pouvez-vous répéter ?

Richard : Vous avez besoin de la confirmation des autres pour connaître la couleur de votre autocollant. Vous devez continuer à recevoir des réactions des autres pour savoir qui vous êtes en tant que personne. Mais quand vous pointez vers le Rien, est-ce que vous avez besoin de moi pour confirmer que vous êtes cela ?

Brian : Non.

Richard : En fait, je ne suis pas au bon endroit pour le confirmer. Je suis au bon endroit pour confirmer que vous avez un autocollant, que vous avez un visage, mais je ne suis pas au bon endroit pour confirmer votre Non-Visage. Mais vous, vous êtes au bon endroit, n'est-ce pas ?

Brian : Oui.

Richard : Votre Vrai Moi ne dépend même pas de vous pour que vous le lui rappeliez. Je ne vous demande pas de vous en souvenir, de croire en ce que vous êtes ou de faire confiance aux autres pour vous dire ce que vous êtes réellement. Vous pouvez voir votre vraie nature par vous-mêmes, ici et maintenant.

Échange de visages

Que voyez-vous là où est votre autocollant ?

Barbara : L'autocollant des autres.

Richard : Oui. De l'extérieur, vous êtes dans un groupe et n'êtes pas dans les autres groupes, mais de l'intérieur, vous n'êtes pas dans un groupe, tous les groupes sont en vous.

De négatif à positif

À mesure que nous grandissons, nous apprenons à réprimer notre Rien. Comme personne d'autre ne peut voir notre Visage Originel, nous apprenons qu'il n'est pas réel. Bien que je ne voie pas mon visage, vous me dites que j'ai un visage, que je suis séparé des autres ; donc j'apprends à me méfier de mon expérience et, au lieu de cela, je mets ma confiance en vous. Je supprime la conscience de cette Ouverture. Parfois, en tant qu'adulte, quand j'ai des aperçus de mon Non-Visage je trouve cela effrayant. Je pense que je suis en train de disparaître. Ou peut-être que je me retrouve à ne pas savoir quoi dire, mon esprit devient vide – je sens que je devrais avoir quelque chose à dire, que je devrais être quelqu'un. Je sens la pression de la société d'être quelque chose, d'être d'un certaine manière. Nous apprenons à avoir peur de l'expérience d'être Rien, d'être personne, d'être vide.

Maintenant que nous nous réveillons à cette Ouverture, nous pouvons commencer à apprécier ce Rien, ce Vide inclassable d'une manière nouvelle. C'est l'Être. C'est l'Espace qui contient tout. Il montre que je ne suis séparé de personne, que j'ai votre visage maintenant au lieu du mien. C'est la porte qui me permet d'être relié. C'est une ressource infinie – elle me présente des idées et des pensées tout le temps, toutes surgissant du Rien. Les sons sont tout le temps en train d'entrer et de sortir du Rien. Cette journée entière ensemble est en train d'émerger du Rien – quel Espace créatif ! Maintenant, je comprends que ce dont j'avais peur est une bénédiction. Je suis Rien et Personne, ce qui signifie que je suis plein de tout et de tout le monde. En même temps, je continue à me connaître en tant que personne – je suis à deux faces. Je ne suis Personne et je suis Richard.

Roger : Je suis content que vous l'ayez dit. Tout à l'heure, vous parliez de la conscience de soi. Quand j'ai été initié pour la première à cette voie de la Vision sans tête, au Rien, j'essayais presque de tuer cette conscience de soi.

Richard : Vous ne pouvez pas le faire. Au lieu de rejeter cela, vous l'accueillez maintenant. Désormais, la conscience de soi fait partie de la situation. Cela signifie que vous, en tant qu'Unité, l'Un, pouvez participer au jeu, vous pouvez jouer votre rôle dans la société.

Malentendu

John : C'était intéressant. J'observais Mary diriger le trafic là-bas. Cette zone était jaune, mais Mary emmenait Sue là-bas et Sue était rouge.

Mary : Je n'ai pas emmené Sue !

Richard : Je vois qu'il y a eu un malentendu !

Mary : C'est toi qui m'as emmenée !

John : Moi ?

Phil : Vous m'avez tous deux emmené ici, mais alors quelqu'un d'autre m'a dit d'aller là-bas !

Richard : Vous, les amis, avez conduit Phil là-bas ?

Mary : Je ne l'ai pas fait. C'est lui qui l'a fait.

William : Génial !

Richard : N'est-ce pas intéressant !

William : Les directions ne sont pas toujours bonnes.

Alex : Les gens peuvent se tromper dans la façon dont ils vous dirigent. C'est pourquoi votre question est importante : « Êtes-vous à cent pour cent sûr maintenant que vous êtes dans le bon groupe ? »

Baser ma vie sur une erreur

Richard : Vous recevez des réactions des autres, mais ce n'est pas toujours le cas. Nous sommes sans défense quand nous sommes bébés et n'avons pas d'autre alternative que d'accepter ce que les autres nous disent. Le message implicite sous tous les messages, quel que soit l'autocollant qu'on vous a dit avoir, c'est que vous êtes une personne, que vous êtes dans un corps. Vous ne pouvez pas être sûr que les autres ont raison, mais quelle autre alternative avez-vous que de leur faire confiance ? J'apprends donc à me voir comme vous me voyez, même si vous avez peut-être tort. Je pourrais baser ma vie sur une erreur, un malentendu, concernant qui je suis. En fait, c'est ce que je fais. Je vis comme si j'étais juste mon apparence, comme si j'étais seulement ce que vous me dites que je suis. L'erreur que je fais, c'est que je passe à côté de qui je suis vraiment. Je vis une sorte de demi-vie.

Ce n'est pas la fin du jeu

Lorsque vous êtes un bébé, vous ne savez pas que vous êtes une personne, mais en grandissant vous prenez part à ce qui se passe et apprenez à agir comme si vous étiez une personne. Vous acceptez ce que les autres vous disent parce que vous ne voulez pas être laissé de côté. De toute façon, vous n'avez pas le choix – ne pas participer, c'est ne pas participer à la vie.

Alors la société vous dit : « Vous avez maintenant découvert qui vous êtes dans la société. Vous êtes une personne. Vous êtes John, ou Ellen, ou un autre nom. » Vous acceptez que le but est de trouver qui vous êtes – de trouver l'autocollant de couleur que vous avez dans ce jeu et la personne que vous êtes dans la vie. Dès que vous avez découvert qui vous êtes, vous devez prendre la responsabilité d'être cette personne. Vous devez apprendre à agir comme si vous étiez cela. Voilà le marché, le jeu. Vous n'avez pas le choix de la personne que vous êtes – vous êtes celui que vous voyez dans le miroir. Vous ne pouvez pas choisir d'être quelqu'un d'autre. Alors vous jouez comme vous pouvez avec les cartes que vous avez reçues.

Et voilà. C'est la vie, apparemment. Dans le jeu, dans la vie, vous découvrez quel autocollant vous avez et apprenez à agir comme si vous étiez cela. La vie, c'est d'exploiter au mieux la personne que vous vous trouvez être.

Mais découvrir qui vous êtes dans la société n'a pas à être la fin du jeu. Potentiellement, vous n'en êtes qu'à la moitié de votre développement. Généralement, les gens ne réalisent pas qu'il y a une autre partie du jeu, une autre phase de la vie. La partie suivante, c'est ce que vous faites dans cet atelier aujourd'hui – reprendre conscience de qui vous êtes réellement. Qui vous êtes vraiment n'est pas ce que les *autres* disent que vous êtes. C'est ce que vous voyez vous-même, alors vous devez vous tenir debout, vous devez chercher par vous-même. C'est pourquoi il y a un certain défi au cœur de cet atelier. « Je ne vais pas laisser les autres me dire qui je suis vraiment parce qu'ils ne sont pas là où je suis, ils n'ont donc pas l'autorité pour me dire ce que je suis au Centre. Au lieu de cela, je vais regarder par moi-même. Je ne peux pas voir mon autocollant. Je ne peux pas voir mon visage. Maintenant, qu'est-ce que cela signifie ? Je suis inclassable ! Je ne suis pas dans un corps ! »

En même temps, n'ayant pas d'autocollant de couleur ici, je vois que tous les autocollants colorés sont en moi. Je vois toutes les autres couleurs au lieu de la mienne. J'échange des autocollants, j'échange des visages, j'échange des identités. Je ne suis pas dans un corps, tous les corps sont en moi ! Mais est-ce que j'arrête maintenant de jouer à ce jeu d'être dans un corps, d'être une personne dans la société ? Non. Je continue à jouer à ce jeu, mais maintenant avec cette conscience intérieure de qui je suis vraiment. Cela me permet de fonctionner encore mieux en tant que personne, avec plus de compassion, plus de compréhension, plus de force. Je découvre en moi une confiance intérieure croissante parce que je fonctionne maintenant à partir de l'expérience entièrement fiable de ce que je suis plutôt que de ce que vous me dites être – ce dont je ne peux pas être entièrement sûr. Il y a une grande liberté, de la créativité et de la sécurité là. Je ne suis pas dans un corps – je ne suis pas limité.

Au fond de moi, je suis libre ! Mon monde émerge miraculeusement de cette Conscience : comme mon vrai Moi est créateur ! Et mon Être ne peut pas être blessé – je suis en sécurité. Totalement en sécurité. Alors nous continuons à jouer au jeu, le « jeu » de la vie, mais maintenant d'une manière profondément différente, à partir d'une base plus profonde, véritablement réelle et fiable.

Limites

Peter : Je vais rester avec cette foule jaune pour en être accepté parce qu'ils me disent tous qu'ils m'aiment et que cette foule rouge ici ne m'aime pas, ou que, en grandissant, je deviendrais un « petit blanc ». Je les regarde et je pense : « Je ne suis comme aucun d'eux sauf ceux qui m'acceptent pour qui je suis. » Mais je ne peux pas m'accepter en fréquentant cette foule. C'est le combat : m'accepter et ne pas m'inquiéter de l'opinion des autres.

Richard : Je comprends. Mais je suggère que vous pourriez penser au cours de cet atelier aujourd'hui, que, de votre propre point de vue – eh bien, je vais parler pour moi – je ne suis pas marron, argent, rouge ou jaune ou quoi que ce soit. C'est ma réalité, même si vous me dites que je suis une couleur particulière. De quelle couleur suis-je ? Jaune ? J'accepte donc d'être jaune à vos yeux. Je ne peux pas voir ma couleur, mais j'espère que vous me dites la vérité. Mais vous pouvez être aveugle à la couleur, donc je ne peux pas en être à cent pour cent sûr. Pourtant, j'agis comme si j'étais jaune maintenant parce que j'accepte vos réactions. Mais ma vérité intérieure est que je ne suis ni jaune, ni argent, ni rien. Je n'ai pas de visage. Je suis un Espace Clair ici. Donc tous les rouges et les jaunes, tous ceux qui m'aiment et qui ne m'aiment pas, sont en fait moi-même. Maintenant, cela peut ne pas être une découverte agréable parce que je préfère ne pas être certaines personnes, mais c'est comme cela que les choses sont. Or voir que vous êtes Espace pour les autres ne signifie pas que vous laissez les autres vous marcher dessus. En entourant le monde de vos bras, vous continuez à honorer votre propre séparation. Être conscient de mon identité bilatérale signifie que, dans certaines situations, je peux dire : « Restez là ! Je suis vous, mais gardez-vous à distance ! Je suis sans limites, mais voici la ligne qui nous sépare et je veux que vous vous arrêtiez là ! »!

Rien ne colle

James : Je suis devenu plus ouvert ces six derniers mois que je ne l'ai été pendant toute ma vie parce que j'essayais de savoir qui j'étais. J'ai été enfermé dans une cage à l'intérieur de ma tête pendant si longtemps. Au cours des six derniers mois, je suis devenu ouvert à la fois à la couleur argent et au rouge. Certains jours, cela me prend toujours aux tripes. Je travaille à cela, même assis ici. Mais il y a tout juste un an, j'aurais dit : « Vous n'êtes pas fiable, éloignez-vous de moi. »

Richard : D'accord. Mais la chose géniale à ce propos est que, tout en acceptant que vous me voyiez de telle ou telle façon, il n'y a nulle part pour un nom ou une étiquette à coller ici sur mon Centre. Peu importe ce que tout le monde dit, rien ne colle à votre Vrai Moi parce qu'il n'y a rien ici où l'on puisse le coller. Je regarde ici et je vois qu'aucune étiquette ne colle ici. C'est libérateur. Évidemment, vous n'arriverez jamais à être aimé de tout le monde. Il y aura toujours des choses qui arriveront que vous ne voulez pas voir arriver. Mais jetez un œil et voyez si elles collent là. Elles ne le font pas. C'est la simple vérité. Même si je pourrais me sentir blessé par ce que quelqu'un dit de moi, ici au Centre, la vérité et la réalité, c'est que ces choses ne collent pas sur Moi.

Dale : C'est très libérateur.

Richard : C'est votre Réalité de base. La Réalité de base de qui vous êtes est « là où rien ne peut coller (*unstickable*)». C'est un terme technique que j'ai trouvé dans un traité bouddhiste secret – « *unstickable* ».

Peter : Avez-vous dit « dans un pâté bouddhiste » ?

Richard : J'ai dit « dans un traité bouddhiste ». Mais « pâté bouddhiste » est mieux. Dans un pâté bouddhiste !

Dale : Oui, l'autocollant peut être placé là-bas, mais pas ici. C'est beau.

Richard : C'est un fait !

Dale : Ce n'est pas personnel.

Richard : Vous ne pouvez pas le faire. Cela ne dépend pas de savoir si vous êtes bon ou pas, si vous le comprenez ou non ; cela ne colle pas, c'est tout. Voir qui vous êtes réellement, c'est accepter la réalité. Une très belle, et géniale réalité. Aucune étiquette ne colle ici. Je vous regarde, mais la réaction que j'ai par rapport à vous ne colle pas là où vous êtes, n'est-ce pas ? Il n'y a rien là-bas. C'est la liberté. Mais vous continuez d'être ouvert à ma réaction. Vous n'avez pas à nier ou à bloquer ce que je dis. Ce que vous pourriez dire au sujet de Richard pourrait être vrai – c'est votre opinion de moi. Mais ce n'est pas vraiment ce que je suis. C'est fantastique.

Vous ne pouvez pas prouver votre Nature Inclassable de manière externe. De l'extérieur toutes les étiquettes vous collent, au moins dans une certaine mesure. Mais intérieurement rien ne colle. Vous êtes clair comme du verre. Vous êtes comme un miroir qui reflète tout, mais le miroir lui-même n'est jamais teinté par ce qu'il reflète. Votre visage dans le miroir devient sale, mais votre Vraie Nature, votre Visage Originel – jamais. C'est pratique. Cette liberté dans votre Centre est un fait observable. Ce n'est pas parce que vous avez médité pendant des siècles, parce que vous avez de la chance ou que vous êtes spécial ou différent. Cela n'a rien à voir avec ça. C'est juste un fait, juste la vérité. Vous regardez à partir de cet Espace Ouvert, de cet Espace sans tête. Nous sommes tous en train de regarder à partir de ça. Quand vous voyez qui vous êtes vraiment, vous comprenez, vous croyez, que tout le monde regarde aussi à partir de cet Espace. C'est logique. Il est absolument propre, clair, tranquille, libre – pour tout le monde.

La communication est bidirectionnelle

Diana : Je pensais que, quand j'étais au collège, il y avait une fille qui était le chef du groupe. Tout le monde l'écoutait.

Richard : Elle était l'autorité.

Diana : Oui. Est-ce que cela signifiait qu'elle acceptait cette vision d'elle-même parce que tout le monde la considérait comme une autorité ?

Richard : Elle faisait cela aux autres autant qu'ils le faisaient à elle. Nous nous faisons tous cela les uns aux autres. Elle obtenait que cette identité lui soit renvoyée, mais elle vous renvoyait en retour l'image que vous étiez ceux qui la suivaient. C'était le marché. Mais encore plus profond que cela, la transaction sous-jacente est que vous êtes une chose. Je suis une chose, vous êtes une chose. Que vous soyez un leader ou un supporteur, vous êtes une chose. Vous n'êtes plus un « rien-rempli-de-tout ». Vous êtes une chose séparée de toutes les autres choses et les choses sont limitées, les choses sont vulnérables, elles se blessent, elles meurent, et vous ne pouvez être qu'en un seul endroit à la fois, etc. C'est le message sous-jacent, tacite de toute notre communication.

Quand vous vous éveillez à Ceci, vous voyez que vous êtes Rien. Vous n'êtes pas une chose. Cette Conscience est aussi contagieuse que le fait de « se rendre chose ». Je vous regarde maintenant et je me rends compte que je suis un Espace largement ouvert pour vous. Dans ce groupe, nous en avons la permission maintenant, c'est au premier plan, d'être Espace pour l'autre. C'est contagieux. C'est l'amour. Fondamentalement, c'est l'amour. Il reçoit tous les gens tels qu'ils sont donnés, en vous. Mais cela signifie-t-il maintenant que nous avons cessé de renvoyer ce que nous sommes en tant que personnes ? Non. Bonjour Phil ! Vous voyez, s'adresser à quelqu'un c'est lui renvoyer qui il est en tant que personne et, en même temps, en quelque sorte vous voir à travers ses yeux.

Le miroir dit la vérité

Nous faisons confiance au miroir, n'est-ce pas ? Mais quand nous regardons dans le miroir, nous faisons une erreur. En société, dans la troisième étape, vous regardez dans le miroir et vous dites : « Je suis cela. » Vous imaginez qu'un visage est ici. Mais vous avez tort. Votre visage n'est pas *ici*, il est *là-bas dans le miroir*. Vous pensez que vous avez bien fait, vous êtes absolument sûr que vous avez raison – « Je suis celui-là. » Mais vous faites une erreur.

Ensuite, lorsque vous entrez dans la quatrième étape de la vie, vous vous rendez compte que votre visage est là-bas et qu'il n'y a rien ici d'autre qu'un Espace pour les autres. Mais vous continuez à jouer le jeu, vous êtes toujours dedans. En fait, vous pouvez maintenant jouer mieux au jeu parce que vous n'êtes plus accroché à celui-qui-est-dans-le-miroir de la même manière, donc vous n'êtes plus face à face avec les autres et ainsi vous n'êtes plus confronté aux autres, n'êtes plus isolé des autres. Vous êtes construit pour être Ouvert. C'est un tout autre jeu. Un jeu complètement différent. La société nous dit que le jeu a pris fin quand nous avons regardé dans le miroir et avons mis ce visage ici sur notre Centre. C'est comme de regarder un film, arriver à la fin de celui-ci et penser : « C'est fini ? » Ensuite, vous trouvez le deuxième DVD ! « Ouah ! Ce n'était pas la fin ! » La quatrième étape, le voyant, est le deuxième DVD. La voie de la « vision sans tête » est la saison 2 ! C'est fantastique. Tout est à l'envers et sens dessus dessous par rapport à ce qu'on nous a dit. Pourtant nous continuons à jouer le jeu. C'est sensationnel.

Vous êtes comme moi

Maintenant que vous voyez que vous n'êtes pas dans un groupe, que tous les groupes sont en vous, vous vous rendez compte que, pour quelqu'un que vous rencontrez, cela doit être vrai pour lui aussi. Je peux voir Roger là-bas, mais je sais que vous, Roger, de votre point de vue, vous êtes rempli de tout le monde. Cela change ma vision des autres parce que, avant d'avoir le deuxième DVD, je regarde les autres et je fais comme si les autres n'étaient que leur apparence. « Vous êtes une chose solide là-bas, vous êtes limité, vous êtes séparé de moi – je ne suis pas vous. » Mais quand je reçois le deuxième DVD, je regarde et je me dis : « Très bien, voilà à quoi tu ressembles. Mais maintenant, parce que vous êtes comme moi, je sais que vous regardez aussi à partir de cet Espace Ouvert. Vous n'êtes pas une chose solide, vous êtes un Rien-rempli-de-tout. Vous n'êtes pas limité, vous êtes infini. Vous n'êtes pas séparé de moi – je suis vous et vous êtes moi. » Si je prends cela au sérieux, cela doit changer la façon dont je me comporte envers les « autres ».

Douglas Harding a écrit comment la vision de son Visage Originel l'avait affecté dans son livre *La Vision sans tête*. Il a dit, plus ou moins (je paraphrase) – « J'ai vu que j'étais sans tête et il y avait deux choses que j'ai réalisé tout de suite. La première était que j'étais face à non-face avec les autres – j'étais construit pour être Ouvert aux autres. Je ne confrontais personne parce que j'étais « face à face » avec personne. Ma deuxième réalisation a été que tout le monde devait être dans la même condition que je l'étais. Tout le monde doit être construit pour être ouvert aux autres et pour le monde. » Ce qui l'amena alors à « penser le monde de tous. » Lorsque vous « pensez le monde de quelqu'un », cela signifie que vous avez un immense respect pour lui. Mais le respect auquel Douglas pensait n'était pas fondé sur ce que ce genre de personne pourrait être, mais plutôt sur le fait qu'elle n'était pas une personne du tout, qu'elle était un Espace pour le monde. À l'heure actuelle, je sais que là où Charlie est, au Centre de Charlie, il n'y a pas de Charlie mais le monde. Vous êtes une Capacité pour le monde. Vous êtes l'Espace là où vous êtes, comme je le suis. Dire « je pense votre monde » n'est pas basé sur une fantaisie pleine de bonnes intentions sur les autres, mais sur une évaluation réaliste des autres. C'est ce que les autres sont vraiment. Je pense votre monde, parce que vous êtes le monde. En vivant à la lumière de cette Réalité, nos vies commencent à s'ouvrir et s'ouvrir, encore, à s'approfondir et s'approfondir sans cesse. Le deuxième DVD ne s'arrête jamais de jouer!

Chapitre 18

Confiance

Richard : Voir qui vous êtes vraiment est une expérience directe. C'est un éveil à la Réalité. Maintenant, vous avez trouvé une base stable à votre vie.

Dale : Une confiance absolue. La seule chose dont on peut être sûr. Un expérience directe.

Charles : Avoir une confiance absolue – n'est-ce pas égoïste ? Penser que l'on sait tout – n'est-ce pas un trait de l'ego ?

Richard : La confiance dont je parle n'est pas celle d'être confiant en soi d'un point de vue personnel. Je ne parle pas du fait d'avoir, moi, confiance en Richard, d'avoir absolument confiance en lui, je parle de ce que je suis intérieurement, cet Espace Ouvert qui est rempli de tout. C'est réel. C'est fiable. Cela ne change jamais – le Tout, le Rien qui est toujours rempli de quelque chose, n'est pas dans le temps. Chaque chose individuelle est dans le temps, elle apparaît et disparaît. Cet atelier apparaît et disparaît. Mais l'Unique est en dehors du temps, il ne change pas. Donc, vous pouvez être sûr de lui dans le sens où il est toujours là, que vous le vouliez ou non.

Je peux être confiant dans l'Unique en un autre sens également – j'ai confiance que l'Unique est infiniment sage. Il est sage parce qu'il est. Il est arrivé. Il sait comment Être, émerger dans l'Existence depuis la plus sombre de toutes les nuits, de l'obscurité du non-être. Cette émergence, cette explosion de l'Être est un miracle. C'est intelligent. Votre Vrai Moi est suprêmement intelligent ! Je suis sûr de cela.

Nous faisons la distinction entre nous-mêmes au plan personnel et l'Un, entre les choses individuelles au sein de l'Unique qui vont et viennent, et qui ne sont pas absolument fiables, et l'Unique lui-même qui n'apparaît ni ne disparaît jamais. Si vous ne pouvez pas faire confiance à l'Unique qui n'apparaît ni ne disparaît, qui atteint l'Être – qui réalise l'Être en ce moment – en quoi pouvez-vous avoir confiance ?

Chapitre 19

Le tube

L'expérience du tube met l'accent sur le fait évident que lorsque vous regardez quelqu'un d'autre, vous voyez son visage et non pas le vôtre. Nous l'appelons cela être « face à Non-Face ». Nous appelons aussi cela « échange des visages ». J'ai votre visage maintenant et vous avez le mien. C'est le contraire de ce que les autres voient, n'est-ce pas ? Quand je vous regarde, Anne, les autres voient nos deux visages – le vôtre est là-bas et le mien est ici. Mais, pour nous, c'est le contraire – nous *échangeons* des visages. Quand on est conscient de cela, tout visage devient maintenant potentiellement un rappel de notre Non-Visage. Voir le visage de quelqu'un peut maintenant vous rappeler que vous n'en avez pas un. Chaque fois que vous êtes avec quelqu'un vous recevez son visage dans votre Espace. C'est une chose affectueuse à faire. L'expérience du tube concentre notre attention sur cela : être « Espace à face » avec les autres.

Il y a quelques années, j'avais décidé de faire l'expérience du tube dès le début de l'atelier. Il y avait une femme assise à ma gauche qui n'avait pas fait d'atelier auparavant. Je pensais : « Eh bien, je vais montrer l'expérience du tube avec elle. Pourquoi pas ? » Elle y était prête, alors nous avons regardé dans le tube pour montrer au reste du groupe quoi faire. Quand elle en sortit, elle s'écria : « Oh mon

Dieu, je viens de devenir un homme ! »

Vous devenez l'autre !

Trouvez quelqu'un avec qui faire cette expérience du tube.

Lorsque vous regardez l'autre personne dans le tube, vous n'avez pas à la regarder dans les yeux. Vous le pouvez, si vous voulez, mais ce n'est pas d'abord un exercice de communication. Si vous voulez communiquer, sourire ou quoi que ce soit, bien sûr que vous pouvez. Je ne fais que clarifier le but fondamental de l'expérience qui est de remarquer ce qu'il y a à votre extrémité du tube et comment votre extrémité contraste avec l'extrémité à l'autre bout. Si vous vous sentez un peu gêné dans le tube, c'est normal.

Regardez dans le tube avec votre partenaire.

Vous voyez un visage au bout du tube – voyez-vous un visage à votre extrémité ?

Le visage en place à l'extrémité là-bas du dispositif n'est-il pas en vis-à-vis d'un Non-Visage ici ?

Vous n'êtes pas face-à-face avec la personne là-bas mais visage là-bas vis-à-vis de Non-Visage ici. Est-ce vrai ?

N'êtes-vous pas construit pour être Ouvert à votre extrémité – en tant que Capacité pour le visage à l'autre extrémité ?

Sortez du tube, fermez les yeux pendant un moment et reposez-vous. ... OK, ouvrez les yeux et regardez dedans à nouveau.

De qui avez-vous le visage maintenant ?

N'ayant aucun visage propre, ne pourriez-vous pas dire que le visage de l'autre personne est le vôtre ?

Ne pourriez-vous pas dire aussi : « Étant vide ici, je suis Espace pour toi. Je suis toi. »

C'est une expérience non verbale, donc si mes mots ne vous conviennent pas, choisissez les vôtres, ou n'utilisez aucun mot.

Sortez du tube, fermez les yeux et reposez-vous….

Ouvrez les yeux. Des réactions à partager ?

Brian : J'ai eu son visage.

Richard : C'était bien, n'est-ce pas ? Maintenant, en me regardant, vous avez mon visage !

Brian : C'était incroyable pour moi parce que jusqu'à présent j'ai fait cette expérience tout seul à la maison avec un miroir. Je pose le tube contre le miroir et mon visage est là-bas à l'autre extrémité. Je trouve que c'est une expérience très profonde. Ce qui était intéressant à propos de cette expérience, c'est que je me sentais devenir l'autre visage. C'était mon visage.

Richard : N'est-ce pas beau !

Angela : J'ai ressenti cela avec John. J'avais pris son visage.

Kevin : Je pensais que j'avais la tête de quelqu'un d'autre sur mes épaules.

Richard : Oui, n'est-ce pas incroyable ? C'est étonnant, merveilleux. Quelle joie de devenir l'autre personne !

David : On se sent vulnérable. On est conscient de son propre visage, que l'on vieillit.

Eric : Dans ce face-à-Non-face – à partir de la preuve offerte par votre propre expérience, il n'y a pas de vieillissement de votre côté du tube.

Brian : Au second tour, l'autre visage est devenu mon visage. Ce changement était surprenant.

Carol : Cette expérience m'a fait ressentir le vide de façon très vivante. Le visage là-bas était dans le Vide ici.

Richard : Laurens van der Post a écrit un livre sur les *bushmen* du Kalahari. Alors qu'il était avec un des *bushmen*, ils ont vu un autre *bushman* au loin, courant vers eux avec une lance. Il est venu jusqu'à eux, a enfoncé sa lance dans le sable et a dit le salut du Kalahari – « J'étais mort, maintenant je suis vivant. » Ce Vide est mort sans ce qui le remplit.

Margaret : Au bout du tube vers soi, c'est le Rien, la Non-Chose, cette Capacité pour tout. Alors quelque chose se produit. Vous êtes mort jusqu'à ce que vous ayez une connexion comme cela, mais cela n'arrive pas à un visage. Le fait que cela se passe là où il n'y a pas de visage est une expérience incroyable.

Anne : Je pouvais voir que cette extrémité ici était complètement ouverte et que Gloria était là-bas. Gloria était la seule chose là-bas. Je n'étais rien, elle était là-bas.

George : De loin, si nous nous regardions l'un l'autre pendant un moment, je me sentirais gêné.

Richard : Oui, vous le seriez.

George : Mais je ne l'ai pas fait dans le tube parce que je n'étais pas là.

Richard : Vous voyez le bienfait potentiel de l'expérience ! C'est une profonde thérapie, n'est-ce pas ?

George : Oui.

Nigel : Je pensais : « À quoi pense-t-il que je ressemble ? » Puis j'ai pensé : « C'est juste une pensée ! »

Richard : Oui, c'est vrai. Et cette pensée n'a pas masqué votre Non-Visage, n'est-ce pas ?

Nigel : Elle faisait obstacle.

Richard : L'a-t-elle fait ? Pensez à la pensée que je peux vous voir, maintenant. Maintenez cette pensée pendant un instant. Vous sentez-vous gêné ?

Nigel : Oui.

Richard : Alors que vous la pensez maintenant, alors que vous vous sentez gêné, pouvez-vous voir votre visage ?

Nigel : Non.

Richard : Donc elle ne bloque rien, n'est-ce pas ?

Nigel : Non.

Richard : Non.

Nigel : Elle le fait et elle ne le fait pas.

Richard : Non, je ne vais pas vous laisser là-dessus. Comment cela vous empêche-t-il de voir votre Non-Visage, si vous choisissez de le voir ?

Nigel : Exact, c'est un choix.

Richard : C'est un choix, n'est-ce pas ? Oui. Et vous êtes libre de faire ce choix, peu importe ce qui se passe. Est-ce vrai ?

Nigel : Oui.

Richard : C'est comme ça pour moi.

Nigel : Je dois me le rappeler, encore et encore et encore plus.

Dale : En tant que pratiquant bouddhiste traditionnel, cette expérience a amplifié ma pratique fondamentale. Les mots « je suis une Capacité pour vous » sonnent vrai dans mon expérience. Elle est largement ouverte. Cette expérience me permet d'approfondir cette Ouverture. Je remarque que lorsque des pensées surviennent, il n'y a pas d'endroit où elles peuvent s'accrocher de ce côté-ci du tube. C'est tout à fait ouvert. Si je prête attention à la pensée, alors je fais l'expérience de la pensée, mais si je prête attention à l'Ouverture, la pensée est comme un nuage dans le ciel de mon expérience. Il n'y a pas d'endroit où la pensée pourrait s'accrocher. C'est pourquoi peu importe que j'aime une pensée ou non, il n'y a pas d'endroit pour que cette pensée s'y accroche. C'est une liberté inconditionnelle.

Richard : Merveilleux. Je vous remercie.

Steve : Je me souviens quand j'ai fait cette expérience pour la première fois. Quand j'ai rencontré le regard de l'autre personne, c'était comme si elle voyait directement à travers moi. Comme si elle voyait à travers le petit moi, mon apparence – comme si elle voyait dans ma honte, dans toutes ces couches que même moi je ne suis pas disposé à regarder. Alors j'ai essayé de rester cet Espace sans tête au milieu de toute cette honte, de sorte que toutes ces couches puissent entrer.

Richard : Magnifique. Je comprends. Vous êtes en sécurité en tant qu'Espace sans tête, n'est-ce pas ?

Steve : Oui.

Jennifer : Une absence totale de confrontation. Il n'y avait pas un « moi » regardant mon partenaire. D'après mon expérience, il y avait simplement mon partenaire. Pas de pression, pas de gêne, juste ce Champ et il y avait mon partenaire dedans, dans le Champ de la Conscience. Simple. Très simple.

Laura : Un sentiment de fusion.

Mark : C'est une chose d'être relié en tant qu'Espace vide à quelqu'un d'autre qui est une chose parce que vous pouvez être cet Espace vide et elle est cette chose. Mais si deux personnes sont la Non-Chose tout s'aplanit. Deux Non-Choses étant Rien ensemble, cela a une qualité différente.

Richard : Oui et non – parce que personne d'autre ne perd sa tête.

Mark : De mon point de vue ?

Richard : Oui.

Mark : Vous avez toujours votre tête, pour moi.

Richard : Oui. Tous les autres gardent leur tête. Et chacun est conscient de sa propre tête.

Mark : Mais je sens que tu n'as pas de tête.

Richard : Je sais ! C'est pourquoi j'ai dit oui et non. C'est la beauté de la chose – c'est « à la fois / et ». Tout le monde est conscient de sa tête et de sa Non-Tête. C'est l'Un devenu le Nombre.

Mark : Je suppose que ce que je dis, c'est que quelque chose arrive au jeu dans ce moment de Vision.

Richard : Oui.

Margaret : Cela cesse d'être un jeu. C'est une belle chose.

Richard : C'est un jeu différent. Vous n'arrêtez pas de jouer au jeu mais c'est un jeu différent. Jusqu'au moment où vous voyez qui vous êtes, vous ne voyez les gens que comme des choses. De très belles choses, mais ce sont des objets. Quand vous voyez qui vous êtes vraiment, vous voyez également qui les autres sont vraiment – même si le seul Espace que vous voyez est là où vous êtes, il va directement de l'autre côté des autres et passe à travers eux, n'est-ce pas ?

Margaret : Oui.

Richard : Vous ne pouvez pas contenir ce que vous êtes réellement. Vous voyez donc maintenant que l'autre personne est à la fois une chose et ne l'est pas.

Mark : Oui.

Richard : Il n'y a qu'un seul espace qui entoure tout et inclut l'autre. L'Espace appartient autant à l'autre personne qu'à vous. C'est l'Unique qui se parle à lui-même.

Mark : Exact.

Richard : C'est être à la fois deux et un. Quelle chose merveilleuse !

Eric : J'en suis encore à l'étape où je veux retourner dans le jeu parfois.

Richard : Oui. Vous ne faites rien de mal. Vous ne pouvez rien faire de mal en faisant cela. Cette envie de revenir dans le jeu est ce qui a fait marcher le jeu au début. Je pense que vous devez continuer à le faire. Il n'y a rien de mal à cela, parce que vous pouvez avoir l'envie de revenir dans le jeu en même temps que vous voyez l'Espace. Donc, c'est bien aussi. Et c'est très bien d'oublier qui vous êtes par moments, parce que quand vous vous en souvenez, vous avez une belle surprise..

Chapitre 20
La communication bidirectionnelle

Cette expérience consiste à communiquer la vérité de qui vous êtes en public. On dit : si vous voulez apprendre, enseignez. Ou on pourrait dire, si vous voulez apprendre, communiquez. Si vous voulez apprendre, sortez de l'anonymat ! Vous apprendrez beaucoup si vous sortez de l'anonymat !

Lorsque vous partagez avec une autre personne quelque chose qui est vrai pour vous, cela n'est pas plus vrai après que vous l'avez partagé que ça l'était avant de le partager, mais en quelque sorte, c'est plus réel. C'est maintenant dans le domaine public. Maintenant, les autres le savent. Lorsque d'autres l'entendent et vous le renvoient, quelque chose change. Non seulement cela est vrai lorsque nous parlons de nous-mêmes personnellement, mais c'est également le cas lorsque nous exprimons la réalité de qui nous sommes réellement. Dans cette expérience, je vais vous inviter à parler de qui vous êtes vraiment en public – dans ce groupe – à communiquer aux autres votre expérience de votre Vrai Moi. Je ne parle pas de quelque chose de compliqué, simplement de décrire votre absence de tête.

Normalement, lorsque nous communiquons avec quelqu'un, nous parlons non seulement de nous-mêmes, mais aussi de l'autre personne. Si je suis en conversation avec Chris ici, je vais dire à Chris des choses sur moi et Chris me parlera de lui. Mais je vais aussi lui renvoyer mon impression de lui d'une manière ou d'une autre et il fera de même pour moi. De cette façon, nous pouvons nous voir par les yeux de l'autre. Donc, nous ne pensons pas seulement à nous-mêmes, nous pensons aussi à l'autre personne et la ressentons. Nous nous mettons à sa place. C'est un échange bidirectionnel. Dans cette expérience, nous allons explorer la communication de cette façon avec notre véritable identité comme foyer.

Instructions

Je vais démontrer à Chris comment on fait cela. Puisqu'il y a deux côtés à cet exercice, l'un de vous sera A et l'autre B. Je suis A et Chris, vous êtes B. Puisque je suis A, je vais commencer. Je vais d'abord décrire ma Vraie Nature à Chris. Puis je vais me mettre à la place de B – Chris – et décrire son expérience. Puis B va y aller. Vous verrez alors ce que je veux dire.

Je parle de mon point de vue d'abord – Chris, je suis construit pour être Ouvert pour vous. J'ai votre visage au lieu du mien. Je vois votre visage là-bas, donné dans mon Espace ici. Je suis un Espace pour vous. Je regarde à partir d'un Œil Unique ici. Je suis grand ouvert et, dans cette Ouverture, je trouve toutes mes sensations, mes pensées et vous.

Voyez-vous ce que je fais ? Je communique à une autre personne ce que je suis. Je le dis directement à Chris, directement à cette personne ici, pas abstraitement à la cantonade, ou à personne en particulier. Chris, j'ai votre visage ici là où je suis. Je suis vide pour vous.

Maintenant, je vais me mettre à la place de Chris et décrire comment il est de son point de vue. Il suffit de quelques phrases. De votre point de vue, Chris, vous ne voyez pas le visage de Chris là-bas – vous êtes construit pour être Ouvert pour Richard, pour moi. Vous êtes Vide là où vous êtes. (Je peux utiliser des gestes, en utilisant mes mains pour attirer l'attention de Chris sur son Espace là-bas.) Vous êtes largement Ouvert là-bas, votre Œil est Unique, vous incluez tout. Toute votre expérience flotte dans le Rien, la Non-Chose, là-bas. Vous êtes Espace maintenant pour moi. Vous continuez à être totalement là.

Maintenant, c'est votre tour, Chris. Donc d'abord vous décrivez votre côté.

Chris : Richard, je suis construit pour être Ouvert pour vous. Je suis l'Espace pour votre visage. Je suis largement ouvert, comme un miroir.

Richard : Fantastique. Maintenant, mettez-vous à ma place.

Chris : Richard, vous êtes construit pour être Ouvert pour moi.

Vous êtes l'Espace, vous êtes un Rien, une Non-Chose remplie de Chris.

Richard : Je vous remercie. Parfait. OK, décidez qui est A et qui est B. L'idée est de vous aider les uns les autres à être conscients de qui vous êtes vraiment tous les deux. Lorsque vous vous mettez à la place de l'autre personne, décrivez simplement sa Vue.

Se sentir vu tel que l'on est

Quand quelqu'un vous décrit ce que c'est d'être qui vous êtes réellement, notez ce que c'est de recevoir sa communication. Je vais faire cette expérience maintenant avec John. Je vais me mettre à votre place, John, et imaginer ce que c'est que d'être vous maintenant. Je veux que vous vérifiiez si oui ou non vous vous sentez vu comme qui vous êtes vraiment. D'accord ?

Je me mets donc dans votre position. Vous êtes sans tête là-bas, vous êtes largement ouvert, vous n'avez aucune frontière, vous êtes immense là-bas, vous ne cessez d'être qui vous êtes, il n'y a qu'une seule Vue là-bas. En ce moment, votre Vue est remplie non seulement par Richard, mais aussi par toutes vos sensations et par tous les sons qui se produisent dans l'espace.

Vous sentez-vous vu comme qui vous êtes vraiment ?

John : C'est incroyable. C'est fantastique. Je dois vous le dire, c'est absolument merveilleux. Vraiment, c'est profond. Vous venez de m'ouvrir. C'était formidable. Vous avez décrit ma Vraie Nature et avez vu que cette Vraie Nature est mon potentiel. Vous venez juste de me le dire. Vous m'avez donné la vérité. Et vous me l'avez présentée comme un fait qui rend vraiment difficile de dire non. C'était vraiment beau. Merci beaucoup.

Faire progresser l'empathie un peu plus loin

Peter : Je comprends cela, le pouvoir d'exposer la chose. Mais si je suis dans la rue avec vous, que nous prenons une tasse de thé ou autre chose alors que je vous connais à peine, pourquoi est-ce que je vous dirais que vous êtes sans tête ?

Richard : Vous dites déjà aux gens qui ils sont au niveau humain. Si nous nous rencontrions dans la rue, vous ne parleriez pas de vous, vous vous mettriez à ma place, au moins dans une certaine mesure, et vous penseriez et ressentiriez les choses pour moi. Même si vous me dites que j'ai l'air bien ou que je parais fatigué, vous vous mettez en quelque sorte dans ma position et ressentez les choses pour moi. Nous faisons donc déjà cela. Nous faisons déjà l'aller retour entre notre propre point de vue et le point de vue de l'autre. Lorsque vous entrez en empathie avec un autre, vous voyez les choses de son point de vue. Normalement, nous sommes en empathie les uns avec les autres au niveau humain et quand quelqu'un est précisément en empathie avec vous, vous vous sentez vu, compris et, espérons-le, apprécié. C'est bien de le faire. Cela affecte la façon dont vous vous ressentez vous-même. La plupart d'entre nous sont assez bons à cela. Dans cet exercice, nous portons cette empathie un peu plus loin. En d'autres termes, je ne suis pas juste en empathie avec ce que c'est d'être vous au niveau de vos pensées, de vos sentiments, etc., je suis également en empathie avec vous en tant qu'Espace pour le monde. Vous êtes une Capacité pour le monde, y compris une Capacité pour ce que vous pensez et ressentez. Normalement, nous ne parlons pas de ce côté-ci de l'autre personne. Lorsque nous le faisons, nous reflétons qui elle est réellement.

Peter : Mais l'autre personne pourrait ne pas vouloir écouter.

Richard : Oui, mais nous sommes dans un groupe où les gens veulent écouter.

Dale : Ce que j'entendais, c'était que vous pensiez qu'il s'agissait d'aller voir un étranger et de lui en parler.

Richard : Non, ce n'est pas ce que je suggère.

Dale : C'est bien que vous clarifiiez cela.

Richard : Je ne suggère pas cela. Il est clair que l'autre personne doit être intéressée. Il n'est pas bon d'imposer cela aux autres. Mais disons que je suis l'autre personne et que vous savez que je suis intéressé. Vous avez parlé de votre expérience d'être sans tête. Une fois que vous m'avez dit qui *vous* êtes réellement, vous êtes libre de dire : « À propos, vous êtes comme moi. Vous êtes aussi construit pour être Ouvert pour le monde. » En d'autres termes, vous ne vous arrêtez pas à me dire qui vous êtes réellement, vous continuez aussi à me renvoyer le fait que je suis aussi cet Espace. Dans cette pièce, nous sommes avec des amis, alors ça va de faire ça. Tout les gens ici sont parvenus à faire l'expérience de qui ils sont vraiment. Je suis donc libre de vous dire : « Vous aussi, vous êtes construit pour être Ouvert. Vous êtes aussi Espace pour les autres. » C'est une chose profonde et belle à dire à quelqu'un. Pourquoi s'arrêter net à son humanité ? Pourquoi échanger seulement des opinions sur qui nous sommes en tant que personnes alors que vous savez également qui vous êtes vraiment ? C'est une invitation à communiquer à propos de qui nous sommes vraiment de même que sur notre humanité. Bien sûr, je ne dis pas que vous devriez le faire. Sentez-vous libre de faire ce qui vous paraît approprié. Quand vous me regardez – vous pouvez le faire avec moi maintenant – vous êtes sans tête et vous avez de la place pour Richard. Est-ce vrai ?

Peter : Oui. Mais l'idée que cette scène sans limites qui est juste en face de moi, c'est moi – c'est la partie que j'essaie de résoudre.

Richard : Je ne pense pas que nous le comprendrons un jour, mais nous pouvons nous baigner dedans.

Peter : D'accord, j'aime ça. Et vous, comme moi, sommes sans tête. Vous m'avez comme faisant partie de votre Espace. Et je suis dans votre tête ! dans votre Non-Tête !

Richard : Je suis en vous, vous êtes en moi. Je suis vous et vous êtes moi.

Roger : Je suis à cent pour cent sûr de cela au niveau de ma propre expérience, mais quand je dis que vous êtes la même « chose » que moi, que vous êtes sans tête là … J'en fais directement l'expérience ici où je suis, mais je n'en fais pas l'expérience directement là-bas où vous êtes. Je suppose que vous êtes l'Espace. Peut-être pourrais-je dire que je suis à quatre-vingt-dix-neuf pour cent certain que vous êtes l'Espace, comme vous disiez avant.

Richard : Je suis sans tête pour toi, et je suis à quatre-vingt-neuf pour cent certain que vous êtes sans tête pour moi – je comprends cela. Mais maintenant pensez-y en termes d'écoute – comme je vous regarde, je m'écoute moi-même parler. Je ne peux pas voir ma bouche de sorte que, pour moi, ma voix ne sort pas de ma bouche ici mais du Rien, de la Non-Chose. Mes paroles apparaissent dans le Silence ici. Quand vous parlez, votre voix surgit aussi dans le même Silence. Elle est en quelque sorte là-bas et c'est la voix de Roger, et la voix de Richard est ici et c'est celle de Richard, mais les deux voix se produisent dans cette Conscience Unique. Je suis cette Conscience Unique, donc je parle avec deux voix. Je suis absolument sûr que nos deux voix sont dans une Conscience unique. Est-ce vrai pour vous ?

Roger : Oui, c'est ce dont je fais l'expérience ici.

Richard : Oui, tout est ici dans une Conscience Unique, n'est-ce pas ?

Roger : Oui.

Richard : Quelqu'un d'autre veut essayer ? « Je suis sans tête, je suis Espace pour vous. Vous êtes sans tête, vous êtes Espace pour moi. » Vous pouvez improviser sur ce thème.

George : Je suis un Espace ouvert pour vous, pour votre visage, pour votre apparence. Et vous êtes une Conscience ouverte, un Espace ouvert pour mon apparence.

Namasté

Richard : C'est une façon profonde d'apprécier les autres. Vous ne les appréciez pas seulement comme des choses – je suis maintenant aussi en train de vous apprécier comme Espace pour tous les autres. Cela amène cette Réalité au premier plan. Tout le monde ici est Espace pour tous les autres. C'est reconnaître qui nous sommes tous vraiment. C'est reconnaître que je suis vous et que vous êtes moi. Quand les Indiens se saluent avec le geste de « *namasté* », en réunissant leurs paumes quand ils rencontrent quelqu'un, ce que cela signifie est – « J'honore l'Unique en vous. L'Unique qui est en vous est le même que celui qui est ici en moi. Nous sommes tous deux l'Unique. » C'est ce que nous faisons ici – je reconnais et honore le fait que ce que je suis ici est un Espace pour vous, et que ce que vous êtes là-bas est un Espace pour moi. Celui qui est Espace pour les autres est l'Unique. Reconnaître cela, c'est vraiment respecter et vous-même et les autres. Je ne vois pas comment on pourrait accorder à quelqu'un plus de respect et de reconnaissance que de reconnaître qui il est réellement. C'est la vérité sur nous. La société ne s'est pas encore éveillée à cette vérité. Ce n'est pas un rêve, ce n'est pas un vœu pieux, ce n'est pas devenir membre d'un club qui croit être l'Unique – de toutes les manières que vous le testiez, vous êtes l'Unique et tout le monde est l'Unique. Que vous aimiez cela ou pas, c'est vrai. Et c'est une vérité fantastique. C'est la meilleure nouvelle au monde. Vous n'avez pas besoin que cela soit confirmé par quelqu'un d'autre, vous le voyez par vous-même.

Voir qui vous êtes vraiment est une manière de guérison. C'est la guérison pour vous-même, mais vous ne pouvez pas séparer votre guérison de celle de celui avec qui vous êtes. Lorsque vous êtes conscient de votre Vrai Moi, vous êtes conscient de lui *pour les autres* et *en tant que les autres* parce que vous ne pouvez pas voir qui vous êtes vraiment sans inclure les autres. Tout le monde est en vous. Vous Voyez non pas en tant que personne, mais en tant qu'Unique – celui qui est tout le monde. Vous Voyez en tant que et pour tout le monde. Quand vous voyez qui vous êtes vraiment, vous êtes l'Unique, Celui qui est dans tous les êtres et qui s'éveille à vous-même.

Comme un vœu de mariage

J'ai donné un atelier lors d'une conférence en Californie, l'année dernière. Nous avons fait ce processus tout en étant assis en cercle plutôt que d'être divisés en paires. Une personne en choisissait une autre dans le cercle et faisait cet exercice avec elle : « Je suis Espace pour vous et vous êtes Espace pour moi », et ainsi de suite. À la fin de l'atelier, un homme s'est approché de moi pour parler. Il était prêtre bouddhiste. Il m'a dit que regarder les gens se parler entre eux comme ça l'avait vraiment ému – le faire dans un cercle signifie que chacun est témoin des deux personnes quand elles se parlent. Donc, tout le monde est impliqué, et regarde ce qui se passe – regarde deux personnes communiquer entre elles sur ce qu'elles sont réellement. Le prêtre m'a dit que lorsque les gens faisaient cela, il sentait qu'ils se bénissaient les uns les autres. J'ai compris ce qu'il voulait dire – on avait l'impression d'une bénédiction. Quand je vous dis : « Vous êtes grand Ouvert maintenant, vous êtes Espace pour moi et tout », c'est la bénédiction la plus profonde. Quand quelqu'un vous parle de votre Ouverture, en la pointant, en la célébrant, ne vous sentez-vous profondément vu comme étant celui que vous êtes vraiment ? « Vous êtes transparent là-bas ! Vous êtes grand-ouvert là-bas ! » C'est beau d'être vu de cette façon, n'est-ce pas ? Vous êtes béni.

Il a aussi dit : « En tant que prêtre, je marie des gens, et écouter les gens qui se parlent comme ça, c'est comme les entendre faire leurs vœux de mariage ! » J'ai compris ce qu'il voulait dire. C'est la déclaration la plus profonde que vous puissiez faire à une autre personne : « Je suis toi et tu es moi. » C'est comme un vœu de mariage parce que vous déclarez en public votre lien profond avec quelqu'un – votre identité avec quelqu'un.

J'ai fait ce processus avec un groupe à Dublin au début de cette année. C'était un groupe dans un programme de formation pour les laïcs dans un collège catholique. Le groupe se réunissait régulièrement de sorte qu'ils se connaissaient bien. J'ai été invité à me joindre à eux pour une matinée afin de partager les expériences avec eux. Je leur ai raconté l'histoire du prêtre bouddhiste et ce qu'il avait dit à propos de cet échange, que c'était comme faire un vœu de mariage. Puis nous avons commencé l'expérience. Deux personnes ont dit qu'elles allaient commencer en premier – George et Linda. George a dit qu'il allait commencer – Linda était assise en face de lui dans le cercle. Alors George a regardé Linda (ils étaient amis) et a dit : « Linda, je suis Espace pour toi, je suis absolument grand Ouvert pour toi. Je suis toi maintenant. Et tu es moi, tu es Espace pour moi. » Et Linda a répondu : « Oui, oui ! » Elle avait repris l'idée du mariage. C'était très drôle.

La communication non verbale

La transmission de votre état de conscience est dans une large mesure non verbale, que vous soyez au stade du bébé, de l'enfant, de l'adulte ou du voyant, de sorte que les gestes non verbaux dans le partage de la Vision peuvent être efficaces. Je bouge mes mains comme ça [dans et hors de mon Vide] et vous savez à quoi je fais allusion maintenant que vous avez fait certaines des expériences. Maintenant regardez – je fais bouger mes mains en face de mon visage comme si j'ouvrais des rideaux. Pour finir mes mains disparaissent dans l'Espace ici, de mon point de vue. Essayez. Est-ce que ça marche pour vous ? C'est une ouverture et un nettoyage, n'est-ce pas ?

Brendon : Ça ne marche pas pour moi.

Richard : Je vais le faire avec vous. Regardez devant, mais pas particulièrement vers moi. Je vais écarter mes mains devant votre visage comme si j'ouvrais des rideaux en face de vous, puis je les ferais rentrer dans votre Vide, de sorte que votre attention soit attirée vers l'Espace ouvert, là où vous êtes.

Brendon : Oh oui !

Richard : Dans l'atelier en Californie où nous nous honorions l'un l'autre de cette façon, en nous communiquant les uns aux autres la réalité de qui nous sommes tous vraiment, une femme a dit qu'elle voulait faire cet exercice, mais non verbalement. Elle a dit qu'elle était une personne très portée sur les mots, qu'elle les utilisait beaucoup et qu'elle voulait voir si elle pouvait communiquer sa Vraie Nature à une personne et refléter la Vraie Nature de cette personne sans mots. Elle a regardé quelqu'un à travers le cercle et a fait des gestes pour indiquer qu'elle était sans tête, qu'elle était Capacité pour cette autre personne, et a ensuite fait des gestes pour indiquer que l'autre personne était également cette Capacité, que l'autre personne était Espace pour elle. Puis l'autre personne lui a fait la même chose, non verbalement. Ce fut très efficace et émouvant. Nous savions tous exactement de quoi il s'agissait.

Sens non visuels

Nous pouvons inclure les autres sens dans cette façon de communiquer. Je vais vous montrer avec Steve. Steve, je suis un Espace grand ouvert pour vous. Non seulement je vois que cet Espace est vide ici pour vous et que j'ai votre visage au lieu du mien, mais mes sensations corporelles flottent aussi dans cet espace, elles sont au large, en liberté, se mélangeant avec les murs de la pièce.

Maintenant, je vais me mettre dans votre position. Là-bas, Steve, vous ne voyez pas votre visage. Vous êtes largement Ouvert, sans bornes, et vous êtes rempli de Richard et de tout ce qui se passe. Mais, vos sensations corporelles sont aussi au large, en liberté, elles flottent dans l'Espace là-bas. Voulez-vous essayer avec moi ? Faites-le de votre côté, puis de mon côté.

Steve : Je remarque que je suis sans tête. Richard est dans mon Espace ici. Je remarque aussi tout ce qui se passe dans l'Espace – mes sensations, mes sentiments, ce que j'entends et tout cela est dans la même Conscience que votre tête. Et, de votre point de vue, vous êtes sans tête. Vous êtes Capacité pour moi, pour les sensations et les sons.

Richard : Je vous remercie. Quand je vous fais cela, quand je dis que je vais me mettre dans votre position, Steve, que vous êtes grand Ouvert là-bas, regardant depuis un Œil Unique, et que l'Espace est rempli de pensées, de sentiments, de sensations, de souvenirs et de choses qui se passent dans l'Espace, ne vous sentez-vous pas vu en tant que qui vous êtes vraiment ?

Steve : Si.

Margaret : C'est merveilleux que cela se passe dans cette pièce. Vous nous avez poussés à reconnaître et à partager des choses. Tous les sons proviennent de cet Espace unique, de multiples voix mais une Conscience Unique. Tout est là – tout le monde éprouve ses sensations dans cet Espace Unique.

Richard : C'est vrai, n'est-ce pas ? Nous sommes construits pour être ouverts les uns aux autres, pour le monde, pour les étoiles.

Parler pour tout le monde

Dans un autre atelier, il y avait un type qui était arrivé avec environ une heure de retard. Peu importe, nous l'avons embarqué en cinq minutes pour lui faire voir qui il était vraiment. Ensuite, vers la fin de l'atelier, nous avons fait cette expérience – choisir quelqu'un et communiquer avec lui au sujet de la vision sans tête. Il a dit : « Je voudrais essayer. » J'ai dit : « Formidable ! » Puis il a dit : « Je ne veux pas faire cet exercice avec une seule personne, je veux le faire avec vous tous. Ma pensée a été : « Oh, ce n'est pas de cette manière que vous êtes censé le faire ! Vous êtes censé le faire avec une seule personne. » Puis j'ai pensé : « Détends-toi et regarde ce qui se passe. » Tout d'abord, il a dit à tout le groupe : « Je suis sans tête pour vous tous, vous êtes tous en moi. » Puis il a dit : « Et vous êtes tous sans tête pour moi. » Il parlait pour tout le monde. Puis chacun dans le groupe a répondu : « Nous sommes sans tête pour vous et vous êtes sans tête pour nous. » C'était exaltant. Il exprimait clairement le fait que, quand vous découvrez qui vous êtes vraiment, vous découvrez qui tout le monde est vraiment. Vous pouvez alors parler pour tout le monde. « Nous sommes tous un Espace les uns pour les autres. » C'est une manière profondément différente de communiquer, n'est-ce pas ? Ce n'est plus seulement nous voir séparés les uns des autres. Votre moi séparé est réel. Je respecte cette réalité. Je sais que nous sommes séparés au sens où je sais que vous ne faites pas l'expérience de mes pensées et de mes sentiments. Tout cela est vrai. Mais ceci, ici, est également vrai – « Je suis Espace pour vous et vous êtes Espace pour moi. Je suis en vous et vous êtes en moi. » Vais-je ignorer cet aspect de notre relation ? Vais-je ignorer le fait que vous êtes en moi et que je suis en vous ? J'espère que non !

Ce n'est pas une expérience extatique

Steve : J'ai été affecté et déstabilisé par ce que vous avez fait avec John, il y a un moment, parce que la réponse de John a été « Ouah ! » C'était vraiment incroyable, quelque chose d'étonnant venait de se produire. J'attendais que quelque chose d'étonnant m'arrive aussi. Mais je pense qu'écouter chacun m'a aidé à résoudre cela.

Richard : Qu'est-ce qui, dans la conversation depuis, s'est résolu pour vous ?

Steve : En écoutant les différentes expériences d'autres personnes, la variété des réponses m'a aidé à me sentir rassuré sur le fait que je n'avais pas besoin de saisir quoi que ce soit, de reconnaître simplement que c'était comme ça. Je n'ai aucun problème à reconnaître cela, mais j'attendais d'être illuminé !

Richard : On dirait que vous faites maintenant la distinction entre l'expérience simple de ce que vous êtes réellement et la réaction différente de chaque personne. C'est remarquable. C'est un apprentissage pour nous tous. Nous avons tendance à penser : « Cette personne a obtenu cela et moi pas. » Non ! Elle a simplement eu son expérience, qui est différente de la vôtre. Son expérience changera. John, votre expérience, votre réaction, a maintenant changé, n'est-ce pas ? En ce moment, vos sentiments sont-ils différents de ce qu'ils étaient quand nous avons eu cet échange ?

John : Oui, ils ont changé. Un petit peu.

Dale : C'est pourquoi, dans notre tradition zen, nous faisons une distinction à propos des sous-produits – les sous-produits peuvent être exaltants ou effrayants. Ils vont dans de nombreuses directions. J'aime le terme « présence inconditionnée » – il souligne davantage le côté neutre de l'expérience. Ces expériences, qu'elles soient de l'exaltation ou de la peur, surgissent toujours dans ce même Espace vide ouvert qui les voit à égalité. Il y a dans cet Espace l'impartialité et l'égalité de tout, le calme, la paix, l'équanimité en tant que réalité naturelle. Cela peut permettre à l'expression complète de cette présence d'aller dans n'importe quelle direction, de s'élargir ou de se contracter. Lorsque les gens ont des expériences extatiques, qui arrivent tout d'un coup, ils se réveillent alors sûrement le lendemain en les ayant perdues. Or on ne peut pas perdre cela, la Vision.

John : Oui, je suis exalté maintenant, mais je ne sais pas comment être autrement.

Richard : C'est bien de se sentir exalté !

Dale : Nous faisons juste une distinction entre ce qui apparaît et disparaît, les sensations, et la Réalité actuelle.

Richard : L'expérience est non verbale, il existe donc de nombreuses façons d'y penser et d'y réagir. En continuant avec cette expérience neutre, non verbale, différentes façons de la comprendre se manifesteront. Tout n'arrivera pas aujourd'hui. Et ce qui arrivera aujourd'hui s'en ira. Mais ce qui reste, c'est l'expérience neutre. C'est comme si vous continuiez à monter dans un ballon puis à redescendre au sol. Le sol est toujours là, mais vos réalisations et vos sentiments changent constamment. Avant vous auriez pensé : « Oh, je suis au sommet de la montée en ballon et être au sommet est la Réalité. » Mais ensuite vous descendez, de sorte que vous pensez que vous n'êtes plus en train de vivre la Réalité. Mais non, la Réalité est le sol qui est toujours là, en dessous de vos sentiments qui sont toujours en haut et en bas. Vous continuez à avoir ces vagues de compréhension, de sentiment et d'ouverture, mais maintenant vous êtes conscient de l'expérience neutre sous-jacente à ces états d'esprit changeants – cette Réalité neutre à laquelle vous avez accès à tout moment, à volonté. Si la Réalité était au sommet de la montée en ballon, alors vous n'y auriez pas accès à volonté, mais parce qu'elle est le sol à la base de tout, le Sol de l'Être, ce Rien, cette Non-Chose évidente qui est toujours disponible, peu importe ce que sont vos sentiments – vous ne pouvez pas voir votre tête – vous pouvez y accéder à volonté. C'est neutre, libre, le même pour tous.

Andrew : Vous ne pouvez pas être Espace pour leur Espace – il y a simplement un Espace unique.

Richard : Une bonne façon de le dire.

Andrew : Je me demande ...

Richard : Je ne vais pas vous le dire parce que vous n'avez pas besoin que je vous le dise. Je dis simplement que c'est intéressant pour moi de vous entendre le décrire de cette façon. Cela ouvre une autre façon de penser les choses.

Chapitre 21
Une histoire de la création

Notre développement à travers les quatre étapes du bébé, de l'enfant, de l'adulte et du voyant peut être racontée comme une sorte de mythe de la création, une histoire. Voici ma version de cette histoire.

Au commencement était l'Unique. L'Unique, c'est vous – vous ne faites l'expérience que d'un Œil Unique, qui est le vôtre. D'une seule Vue, d'un seul Champ de la sensation, d'un seul Champ de pensée. Vous êtes l'Unique – cette histoire est à votre sujet.

Au commencement était l'Unique.

Avant le début, il n'y avait rien. Vous ne pouvez pas imaginer cela parce que si vous imaginez le rien, alors vous êtes là en train de l'imaginer, mais il n'y a rien. Or c'est une histoire et dans une histoire, vous pouvez imaginer l'impossible. Donc, avant le commencement, il n'y avait rien – la nuit sombre sans fin du non-être.

Boum ! Vous arrivez !

Alors, boum ! Vous arrivez. Dieu arrive. Imaginez Dieu d'une manière ou d'une autre. Je vais imaginer un vieil homme avec une barbe (je sais, je suis conventionnel !), mais, s'il vous plaît, inventez votre propre image. C'est une histoire. Donc, à un moment, il n'y a rien et le moment suivant, il y a Dieu, apparaissant miraculeusement à partir de rien – à partir de moins que rien.

Vous pouvez imaginer Dieu qui se sent absolument bouleversé. « D'où viens-je ? Je viens de sortir de rien, de nulle part ! Comment ai-je fait cela ? J'ai atteint l'Être ! C'est impossible ! De la magie pure ! » Vous êtes l'Unique. C'est une histoire sur *vous*. C'est *votre* étonnement devant *votre* existence, *votre* auto-création. « C'est incroyable. Je ne peux pas me l'expliquer. Je suis ! C'est incroyable d'être. Je ne sais pas comment je suis parvenu à être, mais je l'ai fait. Je viens de me concevoir ! Personne d'autre n'a fait cela. Moi seul, ai atteint l'Être ! »

Vous êtes en état de choc. Vous ne pouvez pas surmonter le fait étonnant que vous êtes arrivé – sans aide, sans planification, sans rien ! Vous vous pincez pour vous assurer que vous ne rêvez pas ... Votre existence est une surprise et un mystère pour vous.

Vous vous dites : « C'était intelligent ! En fait, c'était génial ! Du pur génie ! Je viens de m'inventer de rien ! »

Votre prochaine pensée est : « C'est si bon, j'aimerais partager ça avec quelqu'un. »

Si quelque chose de bon vous arrive, il est naturel de vouloir le partager. Disons que vous obtenez un nouvel emploi ou que vous gagnez un prix – lorsque vous partagez votre bonne nouvelle, quelque chose change parce que la personne avec qui vous la partagez peut vous la renvoyer avec ses propres mots, de sorte que vous avez maintenant une manière différente de la voir. Votre compréhension grandit. Et cette personne peut la célébrer avec vous, ainsi votre joie augmente.

Atteindre l'Être est la plus étonnante Bonne Nouvelle, il est donc naturel de vouloir la partager. « C'est génial d'Être. J'aimerais partager avec quelqu'un mon excitation concernant l'Être. »

Mais, bien sûr, il n'y a personne pour partager avec vous parce que vous êtes le seul à être ! Vous êtes le Seul, l'Incomparable, le « sans second ». Vous seul avez atteint l'Être.

Vous vous sentez frustré, vous ne pouvez pas partager votre joie. Vous vous sentez aussi seul. (C'est une histoire !)

« Comme ça serait bon d'avoir un ami avec qui je puisse partager mon émerveillement, mon excitation, ma joie ! »

Vous vous ennuyez aussi. « J'adorerais avoir une aventure, aller faire des voyages, mais il n'y a nulle part où aller – il n'y a rien en dehors de Moi, nulle part en dehors d'ici. S'il y avait d'autres endroits, alors je pourrais partir, voir de nouvelles choses, prendre quelques risques et ressentir le frisson de l'aventure. J'aime la sécurité de l'Être, mais je voudrais aussi sentir le frisson de l'aventure. »

Nulle part où aller et rien à faire – juste Être, Être, Être. C'est toujours la même chose. Pas de changement, pas de temps, pas de passé à regarder derrière soi, pas d'avenir à attendre, aucun « autre » avec qui aller à l'aventure dans « d'autres endroits ».

Première étape – le bébé

C'est une histoire ! C'est une histoire sur vous – à propos de qui vous êtes vraiment.

Le début de l'histoire se rapporte au début de votre vie. Quand vous étiez bébé, vous ne connaissiez pas encore les « autres » – vous n'aviez aucune idée construite des autres esprits. Vous n'aviez pas encore développé l'idée d'autres lieux. Votre monde n'était que ce qui était physiquement donné dans votre Œil et pas plus. Vous n'aviez pas non plus construit l'idée du temps – le passé et l'avenir ne s'étaient pas encore présentés à vous. Il n'y avait que maintenant. Pour le dire simplement, il n'y avait qu'une seule Conscience, seulement ici, et seulement maintenant. Dans la première étape, vous étiez l'Unique dont je parle dans cette histoire – l'Unique sans l'autre, sans d'autres lieux, sans d'autres temps.

Dans cette première étape, vous, en tant qu'Unique, ne vous connaissiez pas vraiment parce que vous n'aviez rien à quoi vous comparer. En tant que bébé, non seulement vous ne savez rien sur vous-même en tant que personne ni sur les autres, vous n'avez aucune idée de l'Unique. Vous êtes l'Unique sans savoir que vous êtes l'Unique. Bien sûr, sans le langage, vous ne pouvez même pas penser à tout cela.

Dans cette histoire, vous sortez une solution à votre manque d'amis, d'aventure et à votre ignorance sur qui vous êtes vraiment. Votre réponse est de créer le moi et les autres, l'espace et le temps – de sorte que vous avez d'autres avec qui partager votre joie, et de sorte qu'il y a des lieux où voyager et le temps pour faire de telles choses. Et la possibilité de partir signifie que vous pouvez ensuite revenir et vous connaître d'une nouvelle façon. Comment pouvez-vous créer tout cela à partir de rien ? Cela semble impossible. Vous n'avez pas la moindre idée de la manière de le faire. Mais vous vous rendez compte que, comme vous êtes l'Unique, vous avez déjà réalisé une chose impossible avant le petit déjeuner – Être ! Deux choses impossibles ne sont pas plus impossibles qu'une seule. Ainsi, vous créez le moi, les autres, l'espace et le temps.

Deuxième étape – l'enfant

Mais, pour commencer, le moi et les autres ne sont pas réels. Ils sont comme des découpes de carton, juste des « images dans la conscience ». Ils n'ont aucune réalité indépendante. Parce qu'ils ne sont pas réels, ils ne satisfont pas votre besoin de relation – d'une personne réelle ici à d'autres personnes réelles là-bas. Cette étape de l'histoire correspond à la deuxième étape du petit enfant ou de l'enfant, quand vous commencez à apprendre que vous êtes celui-dans-le-miroir, que les autres existent, qu'il y a un monde qui est séparé de vous et qu'il y a le temps, Mais vous n'avez pas encore vraiment accepté tout cela comme réalité. Vous voulez un vrai moi, et d'autres avec qui aller à l'aventure, mais à ce stade – dans l'histoire ! – moi et les autres ne sont pas plus réels que les personnages dans un jeu d'ordinateur. Si vous perdez votre « avatar », votre « héros » dans le jeu, ou un de vos amis, cela ne change rien parce que ce n'est pas réel. C'est comme de regarder un film, mais en étant conscient que vous êtes un spectateur, alors vous n'êtes pas vraiment impliqué. Vous ne pensez pas que ce qui se passe dans le film est réel. Dans un jeu d'ordinateur, vous pouvez sauter en face d'un bus pour le plaisir parce que vous savez que vous ne pouvez pas mourir. Mais, passé un moment, où est le plaisir là dedans ? Vous vous rappelez le jeu d'autocollants auquel nous avons joué ? Si vous le considérez comme « n'étant qu'un jeu », vous ne vous souciez pas vraiment de ce qui se passe. Ce n'est pas grave que vous ayez raison ou tort sur vous-même ou sur les autres parce que « c'est juste un jeu. » Mais comme certains d'entre nous l'ont vu, si nous nous identifions avec l'autocollant, le jeu n'est pas seulement un jeu. Nous nous soucions de ce qui se passe.

Dans cette histoire, vous vous rendez compte que, pour que les autres et le monde soient réels et convaincants, poignants et vrais, vous devez oublier que vous êtes Dieu et devenir l'un des personnages – dans le film, dans l'histoire, dans la vie. Oublier que vous êtes Dieu et vous identifier avec votre apparence signifie que vous vous prenez sérieusement pour une personne et donc que vous prenez les autres au sérieux également.

À ce stade de l'histoire, avant de vous identifier pleinement avec celui-qui-est-dans-le-miroir, vous faites une pause. Vous vous demandez : « Y a-t-il une garantie que je me souviendrai que je suis Dieu plus tard ? » Vous vous rendez compte qu'il n'y a aucune garantie. Peut-être que vous ne vous en souviendrez jamais. Nerveux au sujet de ce qui pourrait arriver, vous reculez devant l'idée de devenir une personne. Cela correspond aux moments de l'enfance lorsque vous régressez à nouveau au stade de bébé. Il est plus sûr d'être l'Unique qui rêve dans la bulle de l'Unité, de sorte que vous vous retirez du « monde réel », des « autres réels », de toute responsabilité pour votre « moi ».

Mais avant longtemps – dans l'histoire ! – vous, en tant que Dieu, réalisez que vous ne voulez pas rester enveloppé dans votre cocon, dans la sécurité prévisible et la Solitude de l'Unique. Vous voulez de l'aventure, vous voulez de la compagnie. Vous réalisez que la seule voie à suivre est d'oublier que vous êtes Dieu pour devenir une personne dans un monde de vrais autres, en prenant le risque de ne jamais vous souvenir de qui vous êtes vraiment.

J'ai oublié les détails exacts de la scène dans le film *Matrix*, mais je pense que Morpheus donne au héros Neo un choix – s'il prend la pilule bleue, il reste dans la matrice, dans le rêve, mais s'il prend la rouge il se réveille à la réalité. Lorsque vous êtes dans la Matrice, vous ne savez pas que vous rêvez, vous pensez que c'est la réalité. Quelque chose comme ça de toute façon. Dans cette histoire de la création, devenir une personne est le moment où vous allez dans le rêve. Si vous choisissez de devenir une personne et que vous oubliez que vous êtes Dieu, vous oubliez que vous avez choisi. Vous oubliez que ce n'est pas « réel ».

C'est donc une décision effrayante à prendre. Mais après être resté dans l'incertitude pendant un moment, vous décidez que le risque en vaut la peine parce que vous ne voulez pas rester sur ce sentiment de solitude et d'ennui. (C'est une histoire !) Vous pensez : « Je vais prendre le risque d'oublier que je suis Dieu pour devenir une personne dans ce jeu incroyable que j'ai créé, le jeu de la vie. Je sais que, si je deviens une personne, alors ce jeu ne sera plus un jeu parce que ce sera le seul jeu, la seule histoire. Ce sera réel. Mais je vais en prendre le risque et assumer ce rôle de la personne.

Vous assumez.

Nous avons tous fait ce choix. Ce n'est pas un choix conscient, mais nous l'avons tous fait. Nous avons tous assumé. Nous sommes tous devenus celui-qui-est-dans-le-miroir.

Troisième étape – l'adulte

Dans la troisième étape, vous êtes Dieu ignorant que vous êtes Dieu. Vous êtes Dieu pleinement convaincu que vous êtes une personne dans la société. Vous ne vous traitez pas comme un personnage de jeu d'ordinateur que vous pouvez jeter en face d'un bus pour le plaisir. Vous êtes réel. Ce qui vous arrive à vous et aux autres compte. Vous ne pouvez plus être un train, un oiseau ou un monstre, vous êtes maintenant une personne. À ce stade, l'idée d'être autre chose qu'une personne est une illusion, et l'idée d'être Dieu n'est pas simplement stupide et folle, c'est aussi un blasphème. Vous êtes un être humain qui est né et qui va mourir. C'est ce que vous êtes. Vous êtes maintenant profondément inconscient de votre Vrai Moi. Cette étape se reflète dans ces histoires de fées où le héros et l'héroïne sont prisonniers d'un charme. À l'âge adulte, nous sommes ensorcelés, envoûtés, sous la profonde illusion que nous sommes ce à quoi nous ressemblons. Dieu regarde dans le miroir et est convaincu qu'il est celui qui est là, qu'il est à l'intérieur de ce corps et que les autres sont des êtres séparés, tout comme il l'est. Vous regardez dans le miroir et vous êtes convaincu que vous êtes cette apparence-là. Vous n'avez aucune idée que celui qui regarde est Dieu – que vous, qui regardez, êtes Dieu.

Comme nous avons grandi, nous avons appris que le monde, le

temps et les autres ont toujours été là – nous n'étions simplement pas encore conscients d'eux. Mais mon expérience est que, au début de ma vie, ils n'étaient pas là. Au cours d'une période qui a duré des mois et des années, ces choses sont apparues dans ma Conscience – le Nombre est né de l'Un, est né de Moi. Moi, en tant qu'Unique, je m'épanouis dans le nombreux. Moi, en tant qu'Unique, ai créé le moi et les autres, le monde et le temps. Puis, pendant l'âge adulte, j'ai nié que je l'ai fait ! J'ai renié ma création. Je me suis berné moi-même !

La plupart d'entre nous pensent que cette troisième étape est la fin de l'histoire. La société nous dit que c'est tout ce qu'est la vie – grandir, c'est trouver qui vous êtes dans la société, en prenant plus ou moins la responsabilité d'être celui-là (quand c'est commode !), et en tirant le meilleur parti des cartes qui vous ont été données. À un certain point, vous pourriez penser : « Est-ce vraiment tout ce qu'il y a dans la vie ? J'ai découvert qui je suis en tant que personne – c'est tout ? Est-ce que c'est ce que l'on peut obtenir de mieux ? »

Mais il y a une quatrième étape – qui nous est cachée dans la troisième. La quatrième étape est de se réveiller à qui nous sommes vraiment. Si vous avez de la chance, vous entendrez parler de cette quatrième étape. Vous tomberez sur la rumeur qu'il y a davantage que ce qu'on vous a dit, que vous n'êtes pas juste celui-qui-est-dans-le-miroir. Dans cet atelier, vous testez cette rumeur. Du point de vue de qui vous êtes réellement, vous êtes Dieu décidant de vous pencher sur vous-même avec un regard neuf. Conscient que vous auriez pu faire une erreur sur ce que vous êtes, vous décidez de remettre en question la façon dont vous vous voyez, la façon dont la société vous dit de vous voir.

Quatrième étape – le voyant

J'ai dit que vous aviez pris le risque de pouvoir ne jamais redécouvrir qui vous êtes vraiment. Ça semblait comme ça. En fait, vous découvrez maintenant que vous avez laissé quelques indices sur votre Vraie Nature, dispersés partout.

William : De petites miettes de pain.

Richard : Oui. Voici un indice, un panneau que vous avez laissé – pointer à nouveau là où les autres voient votre visage. Heureusement, vous avez mis ce rappel en place afin de pouvoir voir votre Vrai Moi aujourd'hui. Vous avez été gentil avec vous-même. Mais maintenant que vous êtes conscient d'être l'Unique, oubliez-vous d'être une personne ? Non. Revenez-vous maintenant à cette manière de traiter les autres comme étant simplement des « images-dans-la-conscience » ? Non. Vous êtes l'Unique, mais en même temps, vous pensez, sentez et agissez avec chaque fibre de votre être comme si vous, en tant que personne, étiez réel et que les autres étaient réels.

Maintenant, vous avez obtenu ce que vous vouliez à l'origine, car au début vous vouliez de vrais amis avec qui vous pourriez partager votre excitation et votre joie d'Être, et avec qui vous pourriez aller à l'aventure. Nous y voilà. Ici, dans cet atelier, il y a de vrais autres avec qui vous passez la journée à explorer ce que c'est que d'être l'Unique. Ces autres reflètent l'être Unique de toutes sortes de manières auxquelles vous n'auriez jamais pensé de vous-même. Comme c'est remarquable ! S'éveiller à l'Unique, mais que tout le monde soit d'accord à ce sujet, serait un exercice inutile, n'est-ce pas ? Vous n'avez pas mis en place ce monde incroyable juste pour que tout le monde dise la même chose. Non. Vous vouliez une gamme de réactions aussi large que possible. Nous y sommes – tout le monde est différent, chacun exprime l'Unique à sa manière.

À l'origine – dans l'histoire – vous vous ennuyiez, vous vouliez aller à l'aventure. Aller à l'aventure signifie que vous devez avoir un endroit où aller. Bien que vous ne puissiez pas le voir en ce moment, vous acceptez qu'il y ait une pièce de l'autre côté de cette porte. Et si vous ne faites qu'entendre le chien aboyer et que vous ne le voyez pas, vous acceptez que ce n'est pas seulement un son – il y a un vrai chien là-bas. Nous acceptons l'existence indépendante du monde et des autres, ce qui signifie qu'il existe des endroits réels où nous pouvons aller avec d'autres, eux aussi réels. Et nous acceptons la réalité du temps dont nous ne savions rien au cours de la première étape du bébé, afin de pouvoir planifier les choses à l'avenir et regarder en arrière notre expérience passée. Mais, pour que l'aventure soit réelle, il doit y avoir un élément de danger, de risque, d'incertitude et de non-savoir – si vous savez avec exactitude ce qui va se passer et qu'il n'y a aucun risque, ce n'est pas une aventure. C'est autre chose – qu'on appelle l'« ennui » ! Mais la vie n'est pas totalement prévisible ou sûre. En tant qu'Unique, vous avez mis en place cette situation étonnante qui contient le risque, le danger et est pleine de surprises. Même avec les choses les plus simples, vous ne savez pas exactement ce qui va se passer ensuite. Je viens de lever la main – quelqu'un savait-il que j'allais faire ça ? Je ne crois pas !

Ces choses sont ce que nous voulions au début de l'histoire. Nous voulions d'autres personnes qui soient vraiment « autres », qui ne soient pas sous notre contrôle. Ne serait-ce pas sympathique si tout le monde faisait ce que je voulais ? Non ! Ce serait bien seulement cinq minutes ! Ne serait-il pas merveilleux qu'il n'y ait aucun risque dans ma vie ? Non. Pendant cinq minutes seulement. Il n'y a pas d'aventure sans risque.

Alors, aujourd'hui, nous explorons cette quatrième étape, celle d'être l'Unique et d'être une personne. Maintenant, je peux regarder Eric et avoir une conversation avec lui sur qui nous sommes tous deux vraiment. Je peux dire : « Je suis l'Unique, je suis arrivé, comme c'est formidable ! N'est-il pas étonnant d'être l'Unique ? »

Eric : C'est un mystère.

Richard : C'est un mystère, oui. Je comprends ce que vous voulez dire !

Si une chose vous est arrivée et que vous la partagez avec une autre personne qui a eu une expérience similaire, vous savez qu'elle la comprendra mieux que quelqu'un qui n'a pas eu cette expérience. Donc vraiment, vous, en tant qu'Unique, voulez rencontrer d'autres qui sont aussi l'Unique – impossible même si cela semble être ainsi – parce qu'ils sauront ce que c'est d'être l'Unique. Ils sauront ce que c'est d'Être. Alors Laurie, je suis l'Unique et je suis arrivé.

JE SUIS ! Savez-vous ce que je veux dire? Savez-vous aussi ce que c'est d'Être ?

Laurie : Oui ! J'en connais les bords.

Richard : J'en connais les bords ! Quelle belle façon de le dire.

Le fait de parler aux autres d'être l'Unique n'est-il pas un merveilleux paradoxe ? L'Un est nombreux donc il peut se parler à lui-même de ce qu'il est Unique et beaucoup ! C'est formidable. Donc, excellent travail d'être l'Unique ! Le seul ! Je vous félicite pour votre réussite !

Le sentiment de séparation, du moi et des autres, n'est pas une erreur dont nous devrions essayer de nous débarrasser quand nous voyons qui nous sommes réellement. C'est ce que nous voulions depuis le début. Nous voulions être les deux, Un et beaucoup. Pourquoi devrions-nous choisir de revenir à n'être que l'Un sans les autres alors que nous pouvons être l'Un *et* avoir les autres ? Nous pouvons avoir notre gâteau et le manger ! Nous pouvons être à la fois totalement en sécurité en tant que Celui que nous sommes réellement et éprouver le frisson de l'aventure, du danger, du risque.

David : J'y suis. Je n'avais jamais entendu personne raconter mon histoire avant cela.

Richard : Cette histoire est l'histoire de votre vie. La transformation de l'Unique en l'Un-qui-est-beaucoup est arrivée pendant votre vie. Quand vous étiez nouveau-né, vous étiez l'Unique sans connaître les autres. Il n'y a pas si longtemps. Dans les quelques années de votre vie, vous avez fait ce voyage incroyable d'oublier, de vous éloigner de qui vous êtes réellement. Maintenant, quand vous vous réveillez au fait d'être l'Unique et que tout sort de vous, vous pouvez dire : « C'est ce que je voulais. Je voulais qu'il y en ait d'autres pour partager la joie d'Être avec eux. Mon rêve s'est réalisé. Mon rêve devient réel maintenant. Incroyable ! ».

Chapitre 22

Le Grand Magasin

Veuillez faire des groupes de trois. Une personne s'assoit sur une chaise – je vais l'appeler A. A va faire l'expérience d'être le Magasin. Puis B se tient devant A et C se tient derrière A. C tient une petite collection d'objets.

A – regardez simplement en avant. Il ne s'agit pas d'un exercice de communication. Je vais démontrer ce que vous faites dans cette expérience. Je vais agir en tant que B – je me tiens devant A.

Je ne regarde pas dans les yeux de A – je ne communique pas avec A. Je suis conscient que A regarde à partir d'un Espace Ouvert. Nous allons appeler cet Espace « le Grand Magasin ». Le Magasin est l'endroit d'où tout vient et auquel tout retourne. Je regarde A mais je fais semblant de regarder non pas une personne là-bas mais dans l'Espace là-bas, dans le Magasin, de sorte que A puisse avoir l'impression que je regarde dans son Espace.

Maintenant, je vais entrer dans l'espace de A avec ma main. Je mets ma main dans le Vide de A – pour rentrer dans le Grand Magasin. Puis je retire ma main. Je vais le refaire. Maintenant, ma main disparaît dans le Grand Magasin, mais cette fois je vais voir ce qu'il y a dedans. Comme j'arrive à ce moment-là, C qui se tient derrière A me donne un des objets qu'il tient. Donc, quand je retire ma main cette fois-ci, j'emporte cet objet hors de l'Espace là-bas, hors du Grand Magasin.

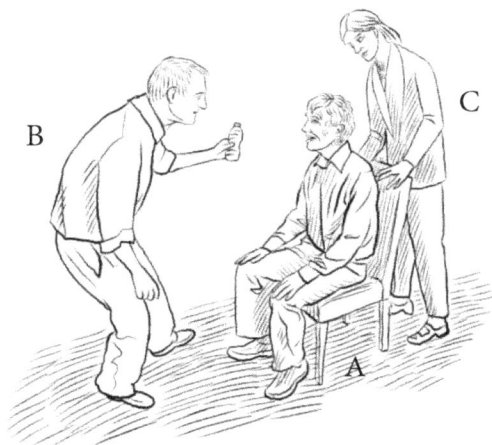

L'expérience qu'a A est que cet objet vient de Rien, quand il sort de l'Entrepôt. Quelque chose sort de Rien ! Jouez donc avec ça. Chaque personne à son tour va être A, le Grand Magasin.

Voilà donc l'expérience.

Vous pourriez dire que tout cet atelier est issu du Grand Magasin ! C'est magique ! Tout sort du Rien tout le temps. La création se produit tout le temps. Remarquer cela, c'est vivre une vie magique, une vie d'émerveillement.

Chapitre 23

Le Puits du temps

Nous allons refaire le geste du pointage bidirectionnel.

D'une main, vous pointez dans la pièce. Il est maintenant presque 3 heures de l'après-midi – nous regardons là un moment du temps. Nous avons commencé l'atelier à 10 heures ce matin et il est presque 3 heures 10. En même temps que vous pointez dans la pièce, en ce moment du temps, avec votre autre main, vous pointez vers l'Espace dans l'autre sens – quelle heure est-il ici ?

Angela : C'est intemporel.

Richard : C'est intemporel. Tout comme c'est face-à-Non-face, c'est temps-(face)à-Non-temps. Changement là-bas face au Non-changement ici. Je ne vois rien bouger ici – pas de changement, pas de temps.

Dale : Puis-je demander que nous fassions le cercle intemporel ?

Richard : Bien sûr – Le Puits du Temps. Pour ce faire, nous devons nous tenir de sorte à faire un Cercle Sans Tête.

Regardez en bas votre propre corps. Remarquez qu'il vient de Rien, de la Non-Chose. Votre corps est sans tête, il sort de cet Espace

Ouvert au-dessus de votre poitrine.

Maintenant, soyez conscient du cercle des pieds, du cercle des jambes – tous les corps disparaissent au sommet en une seule Non-Tête. Il n'y a pas de ligne de partage dans cette Non-Tête. En bas nous sommes nombreux, au sommet nous sommes Un.

Maintenant, nous allons poser une horloge là-bas sur le sol au milieu du cercle. Regardez l'horloge. Il est 3 heures 11 minutes. Les aiguilles de l'horloge se déplacent autour du cadran de l'horloge. Elles marquent le temps. Le temps et le changement vont de pair. Le temps passe – les aiguilles mouvantes marquent le passage du temps.

Puisque vous regardez l'horloge en bas, remarquez où votre corps disparaît – dans cet Espace au sommet. Pouvez-vous voir un changement ici ? Y a-t-il un mouvement ici ? Quand il n'y a pas de mouvement, il n'y a pas de changement, et là où il n'y a pas de changement, il n'y a pas de temps. Vous regardez à partir de l'Intemporel ici dans le temps là-bas.

Vous n'avez pas à ressentir quelque chose de spécial – c'est une observation neutre. Vous n'avez pas à comprendre cela d'une manière particulière. Là vous voyez un changement – les aiguilles indiquent au dehors le temps. Et ici au sommet – pas de changement, pas de temps.

Ce cercle ne durera qu'une minute ou deux. Il est dans le temps. C'est votre maison temporaire. Pendant quelques minutes, votre maison sera ce cercle, mais dans quelques instants cette maison sera partie. Mais, au sommet, cet Espace Ouvert ne s'en va jamais – c'est votre Maison Éternelle. Vous ne quittez jamais cette Maison. Bienvenue à la maison !

Vous pouvez vous asseoir.

Le cercle a disparu maintenant, mais l'Espace est toujours présent. Il n'y a aucun temps ici.

Chapitre 24

Un vrai drame

Imaginez que vous regardez un film, un thriller, et la relation entre les acteurs principaux se passe bien ... jusqu'à ce que quelque chose de terrible arrive et tout va mal. Mais ensuite, dans la plupart des films je suppose, tout remarche à la fin. Le problème est résolu. C'est un drame. Il rend le film intéressant. La tension est créatrice.

Il y a aussi un drame dans nos vies, un moment où il semble que tout déraille. Au début, vous étiez l'Unique. Puis vous avez perdu la conscience d'être Unique. « Oh non, tout a dérapé ! Je suis dans un corps maintenant, je suis pris au piège. Oh non ! Que va-t-il se passer maintenant ? Je vais mourir ! » C'est un grand drame. C'est un vrai drame – je ne le rejette pas comme irréel. Nous le prenons comme réel et devons le prendre comme réel. Si tout le temps que vous regardiez un film, vous pensiez, « c'est juste un film », vous ne seriez pas entraîné par l'action, vous ne seriez pas touché. Il vous faut oublier que c'est un film. Vous devez oublier que ce n'est pas réel. C'est la même chose avec nos vies. Nous oublions d'être l'Unique et à un niveau profond nous acceptons la réalité du monde, nous acceptons d'être séparés, d'être mortels. Mais alors, espérons-le, vous vous réveillez à votre nature d'Unique. Pourtant, vous avez été si profondément conditionné à vous sentir séparé que vous vous rendez compte non seulement d'être l'Unique, mais en même temps vous continuez à penser, à sentir et à agir comme si vous étiez une personne séparée. Voir que vous êtes l'Unique ne signifie pas que vous cessez de faire l'expérience de ce drame d'être une personne, de l'imprévisibilité de la vie, de votre difficulté à contrôler les autres et même vous, du sentiment d'être séparé et mortel, mais maintenant vous avez accès en même temps à qui vous êtes vraiment. Cela change tout.

Peter : Il y a de la peur là.

Richard : Oui, la vie est un tour sur les montagnes russes. Oui, c'est effrayant parfois. Je ne dis pas que c'est un voyage facile. Mais je pense que la vie est plus difficile si vous ne voyez pas qui vous êtes vraiment. C'est plus dur.

Vivre à partir de qui vous êtes est une vie de découverte, une grande aventure. Dans nos cœurs nous voulons l'aventure. Nous ne voulons pas simplement rester à la maison à ne rien faire toute la journée. Du moins, je ne le fais pas ! Quand vous voyez qui vous êtes, quand vous voyez que vous avez enlevé votre tête du haut de votre corps, pour ainsi dire, c'est comme tirer un bouchon d'une bouteille. Maintenant, votre vie peut couler. Sortez le bouchon de la bouteille en voyant qu'il n'y a pas de bouchon ! Tout ce que vous devez faire, c'est regarder. Elle n'est pas là. Pop ! Champagne ! Réjouissances ! Il est temps de faire la fête ! Ce n'est pas toujours facile, mais c'est plus difficile si vous gardez votre tête dessus.

Andrew : On continue à y revenir.

Richard : On continue à y revenir. Et quand nous avons l'opportunité de partager l'Unique avec des amis, comme aujourd'hui, c'est exaltant et contagieux.

Chapitre 25
Une conscience unique

Richard : J'entends ma voix et votre voix dans cette Conscience, donc je parle à deux voix. Est-ce vrai aussi pour vous ?

Barbara : Oui !

Richard : Maintenant, je suis l'Unique partageant la conscience d'être l'Unique avec un autre qui est aussi l'Unique. C'est un rêve devenu réalité. Andrew, vous savez exactement ce que c'est que d'être l'Unique, n'est-ce pas ? Vous êtes l'Unique, n'est-ce pas ? Tout est-il en vous ?

Andrew : Oui.

Richard : Voyez-vous ce qui se passe ? Nous nous comportons comme si nous étions des êtres séparés ici, mais nous sommes également conscients d'être un – l'Unique.

Andrew : Oui.

Richard : Quand nous sommes avec les autres, normalement nous reconnaissons être séparés. Toute la journée, je reconnais que je suis Richard. Vous reconnaissez que vous êtes Andrew. Quand vous me regardez, je sens que vous affirmez que je suis Richard parce que vous hochez la tête. Et je vous fais un signe de tête, alors vous avez le sentiment que j'affirme que vous êtes Andrew. Mais, dans cette pièce, nous admettons maintenant en public que nous ne sommes pas seulement ceux que nous voyons dans le miroir mais que nous sommes aussi l'Unique. Lorsque nous portons la conscience de qui nous sommes vraiment au premier plan, cela change tout dans la situation sociale. C'est un nouveau développement dans la société. Vous êtes conscient maintenant que vous êtes construit pour être Ouvert pour tout le monde ici.

Anne : Est-ce que vous dites que nous sommes tous la même conscience ?

Richard : C'est ce que je dis !

Anne : C'est ce que je comprends. Nous sommes tous la même conscience.

Richard : Oui. Mais je ne veux pas que vous essayiez de comprendre ce que je dis, je veux que vous le remarquiez vous-même et que vous l'exprimiez à votre manière. Bien sûr, nous devons d'abord chercher les mots parce que nous ne sommes pas habitués à exprimer cette Réalité, cette Réalité double – étant à la fois l'Unique et un-parmi-de-nombreux-autres.

Anne : C'est comme si l'intellect s'opposait à l'expérience.

Richard : Normalement, oui. Mais maintenant nous pouvons utiliser notre intellect pour célébrer notre expérience. Notre intellect n'a pas à se mettre en travers. L'intelligence surgit dans l'Unique. Elle est l'expression de l'Unique.

Chapitre 26

La Liberté

Richard : Voici une autre chose à remarquer – cette pièce n'a pas quatre murs complets. Combien de murs pouvez-vous voir ?

James : Trois.

Richard : Le quatrième mur manque. J'ai un ami qui est en prison et cette observation est précieuse pour lui parce que cela signifie qu'il n'est pas en prison. Nous pouvons voir que nous ne sommes pas dans cette pièce. Pour être dans une pièce, vous devriez être entouré par quatre murs, un plancher et un plafond, mais il n'y a que trois murs ici.

Dale : Je suis assis dans un coin pour pouvoir les voir tous les quatre !

Richard : D'accord ! Trois murs, ou quatre murs et pas de coin ! Mais voir qu'il y a une interruption quelque part – juste où vous êtes – c'est voir que vous n'êtes pas enfermé, pas dans une boîte. Il ne s'agit pas principalement de *se sentir* libre, il s'agit de *voir* que vous êtes libre – de voir la façon dont vous êtes construit. Vous êtes construit libre, non enfermé, quoi que vous *sentiez*. Vous n'êtes pas dans cette pièce. Mon ami en prison voit qu'il n'est pas en prison – la prison est en lui. Bien sûr, il est conscient des deux côtés de lui-même dans le sens qu'il sait que, en dehors de ne pas être en prison, il est en prison et il ne peut pas en sortir. En fait, cela s'applique à nous tous dans le sens où nous nous trouvons dans des situations dont nous ne pouvons pas sortir. Mais en privé, pour celui que vous êtes vraiment, vous n'êtes pas dans cette situation, elle est en vous. Maintenant, vous pouvez être conscient des deux côtés de vous-même. N'avoir que la vision extérieure de vous-même, c'est être emprisonné et c'est tout ce qu'il y a. Mais avoir aussi la vision intérieure, c'est jouir de votre liberté intérieure. Vivre à partir de cette liberté change absolument tout dans votre vie.

Roger : N'est-ce pas pourquoi on dit : « Vous êtes vos pensées » ?

Si vous pensez que vous êtes emprisonné, alors vous l'êtes.

Richard : Oui. Ne faites pas seulement confiance à vos pensées, regardez aussi.

Diana : Je pensais que l'on n'était pas ses pensées ?

Richard : Je crois que Roger voulait dire que nous croyons ce que nos pensées disent que nous sommes. Mes pensées disent que je suis Richard assis ici. Eh bien, c'est vrai. Mais il est vrai aussi que je ne suis pas Richard, que je suis Espace pour le monde.

Eric : L'expérience directe de l'Espace est si puissante. Nos pensées conditionnées et les images que nous avons de nous-mêmes nous disent que nous sommes déficients ou qu'il nous manque quelque chose, donc *voir* notre Nature Essentielle est libérateur.

Richard : Oui, cette Liberté parle d'elle-même. Quel trésor !

Eric : Plus on regarde cela, plus on voit.

Richard : Oui, cela ne s'épuise jamais. Cela devient plus lumineux – ce n'est pas une couleur, cela n'est pas clair ou sombre, mais, d'une certaine manière, cela devient plus lumineux.

Nous nous perdons dans nos pensées, mais heureusement notre Vraie Nature ne dépend que d'un regard et n'est pas loin. Vous n'avez pas à vous battre contre des montagnes pour saisir ce que vous êtes réellement. Il suffit de regarder. Maintenant je la vois. Elle est très prévenante – elle se rend librement et immédiatement disponible.

Nigel : J'imagine que, avec le temps, nous serons moins distraits ou aspirés par les pensées, pour ainsi dire.

Richard : Je pense que cela continue à s'approfondir de diverses façons. Ce n'est pas une recette pour atteindre une utopie ou la perfection – la perfection est seulement ici dans notre Centre, pas dans le monde. Mais, mon Dieu, être conscient change tout ! Vous avez trouvé le Centre. C'est puissant, c'est thérapeutique. Mais nous devons le faire et ne pas y penser seulement. Aujourd'hui, nous nous soutenons mutuellement, nous nous aidons mutuellement à rester éveillés à qui nous sommes vraiment.

Chapitre 27

La Liberté intérieure

Gloria : Nous parlions de l'Un et des Nombreux autres. Je suis ici et je suis Celui, l'Unique, qui est au courant de ce qui se passe. Mais qu'en est-il de toutes nos névroses, de nos motifs et de nos habitudes, de la personnalité et tout cela ? Comment cela se rapporte-t-il à l'Unique ? Comment pouvons-nous dépasser tout cela ?

Richard : Tout d'abord, c'est dans un sens très réel que vous êtes ce que vous paraissez être. Tous les gens reflètent votre apparence et vous l'acceptez. Le message de base que vous recevez de la société est que vous êtes une chose, une personne. Il est vital d'accepter cette identité pour pouvoir fonctionner dans la société. Mais être une « chose » est aussi un problème parce que les choses s'opposent à d'autres choses. Et être une chose signifie aussi que vous mourrez. Il n'est donc pas surprenant que, croyant que vous êtes une chose, vous ayez quelques névroses !

Mais quand vous percez à jour l'hypothèse de base que vous êtes une chose et vous voyez que vous êtes Rien, une Non-Chose, cela signifie-t-il que votre conditionnement et vos névroses sont tous effacés ? Cela signifie-t-il que vous n'avez plus de problèmes ? Cela signifie-t-il que vous ne vous identifiez plus avec celui-qui-est-dans-le-miroir ? Pas dans mon expérience. Je suis toujours identifié avec Richard. J'ai encore des problèmes. Être une personne, c'est être compliqué, c'est avoir des problèmes, alors, même si je vois qui je suis vraiment, parce que je continue à être une personne, je continue à avoir des problèmes. Et pourtant, Voir change quelque chose. Maintenant, je vois que, profondément, au fond de mon être, je suis libre. Je ne suis pas une chose conditionnée. Je n'ai aucune limitation. Cela change les choses.

Ce profond sentiment de liberté, vous ne pouvez l'obtenir autrement. Vous pouvez obtenir une liberté relative en résolvant ce problème-ci ou ce problème-là, mais quand vous réglez un problème, un autre apparaît. C'est la vie. Or, quand vous revenez chez vous, vers qui vous êtes vraiment, vous réglez le problème fondamental à chaque fois que vous regardez, le problème d'être une chose limitée, mortelle.

Cette conscience de votre profonde liberté intérieure affecte peu à peu tous les aspects de votre vie.

Chapitre 28

Expérience et sens

Vous avez l'expérience de qui vous êtes réellement, mais la compréhension que vous en avez est fragmentaire. Votre compréhension ne sera jamais complète. Si vous sentez qu'il y a quelque chose concernant votre Vrai Moi que vous ne comprenez pas, alors bienvenue au club ! Personne n'a une compréhension complète de son Vrai Moi. Si vous pensez que quelqu'un d'autre voit, mais vous pas, la réalité est que cette personne répond simplement à cette expérience de base, neutre, d'une manière différente de vous. Vous avez l'expérience – vous ne pouvez pas ne pas l'avoir. La réponse, la réaction de ces personnes, est tout simplement différente de la vôtre, et quelle que soit la réaction de quelqu'un, elle passera. Rien ne reste éternellement. Si vous êtes dans la confusion quant à savoir qui vous êtes vraiment, bienvenue au club ! Vers l'extérieur, la vision de tout le monde est obscure, vers l'intérieur, la vision de tout le monde est claire. Je pense que, vers l'extérieur, nous pouvons tolérer l'obscurité et notre manque de compréhension complète, en raison de la Clarté que nous trouvons vers l'intérieur. Nous avons saisi l'expérience de notre Vraie Nature à cent pour cent, chaque fois que nous choisissons d'en être conscients, et, en attendant, notre compréhension apparaît et disparaît. Le « ouah » apparaît et disparaît.

L'expérience de qui vous êtes vraiment est neutre. Le fait qu'elle soit neutre est précieux, car cela signifie qu'il n'y a pas de hiérarchie de voyants ici. Vous ne pouvez pas voir cela mieux ou pire que n'importe qui d'autre. C'est une observation neutre de quelque-chose-se-produisant-dans-le-Rien. Parce que Cela ne dépend pas de la compréhension, vous pouvez le voir à volonté. Vous pouvez maintenant, à volonté, choisir de remarquer que vous ne voyez pas votre propre visage, et qu'au lieu de cela vous voyez le monde. Cela ne dépend pas du fait que quelqu'un d'autre soit d'accord. Cela ne dépend pas du fait que vous y pensiez d'une certaine manière. Cela signifie que vous pouvez le remarquer n'importe où, n'importe quand, même lorsque vous passez un mauvais moment. Lorsque vous passez un mauvais moment, vous ne pouvez toujours pas voir votre visage.

Nous pouvons utiliser les mauvais moments comme excuse – je vais attendre que le problème s'en aille, puis je vais remarquer ma Vraie Nature. Or vous pouvez remarquer l'Espace alors même que le problème est là. En fait, probablement que le moment le plus important pour en prendre note, c'est quand vous passez un moment difficile. Vous n'avez aucune excuse maintenant – vous savez où regarder. Cherchez votre visage. Ce n'est pas une chose obscure, difficile – regardez, c'est tout.

Dale : Plus je me familiarise avec les exercices et ma propre pratique, plus cela se renforce. C'est arrivé à un point où j'ai réalisé qu'il est impossible de savoir ce qu'est cette expérience. Nous essayons toujours de la mettre dans une boîte mais quand nous nous détendons dans ce que nous pouvons directement connaître, elle devient tout. Cela devient excitant, une possibilité qui se présente d'elle-même – comment pourrait-on s'ennuyer ? Cela ne cesse de s'approfondir.

Chapitre 29

Dansons

J'ai regardé une interview à la télévision avec l'Anglaise Jane Goodall. Dans les années 1960, lorsqu'elle était adolescente, elle travaillait en Afrique avec Louis Leakey, le paléo-anthropologue. Il essayait de trouver les os qui relieraient les chimpanzés et les singes aux humains – le « chaînon manquant ». Jane Goodall avait pour tâche d'étudier le comportement des chimpanzés pour voir si leur comportement était similaire au comportement humain. Si elle pouvait observer de telles similitudes de comportement, alors cela renforcerait l'idée de Leakey selon laquelle, dans la préhistoire, il existait un ancêtre que les humains et les singes avaient en commun, chez lequel ce comportement serait né.

Par exemple, dans cette interview, elle décrivait une promenade sur un chemin avec un chimpanzé – comme vous le faites ! – et ils s'arrêtèrent pour se reposer. Elle avait un morceau de fruit dans sa poche et elle l'a offert au chimpanzé. Le chimpanzé prit le fruit, mais pendant un moment, il tint la main de Jane, la regarda dans les yeux, puis lui pressa la main – pour y faire tomber le fruit. Jane interpréta ce comportement comme signifiant « Merci beaucoup. Je ne veux pas du fruit mais je ne veux pas blesser tes sentiments en ne le prenant pas. » C'est quelque chose qu'une personne pourrait faire. « Je n'en veux pas, mais merci. » Ensuite, vous serrez la main de la personne pour indiquer que vous ne voulez pas blesser ses sentiments.

Elle avait observé que, chaque soir, les chimpanzés qu'elle étudiait allaient à une chute d'eau. Ils n'allaient pas là-bas pour manger, boire ou dormir. Ils y allaient juste et regardaient la cascade. En la regardant, ils exécutaient un petite danse – Jane Goodall l'interprétait comme cela. Ils allaient d'un pied sur l'autre en regardant la cascade. La façon dont elle comprenait cela, c'était qu'ils remarquaient quelque chose d'extraordinaire – le fait que l'eau arrivait toujours, sortait toujours, qu'elle était toujours là. Elle avait le sentiment que les chimpanzés ne pouvaient pas comprendre comment cela pouvait être. Comment l'eau pouvait-elle toujours arriver, sortir toujours, toujours être là ? C'était très mystérieux ! Ainsi, face à ce mystère, en réponse à ce mystère et à ce miracle, les chimpanzés dansaient.

Je dis donc, regardez à partir de ce Vide et voilà ce miracle de la vie. Le présent est toujours en train d'arriver, toujours en train de s'en aller, mais le Vide est toujours là. Pour moi, la réponse appropriée à ce mystère n'est pas d'écrire une thèse de doctorat, mais c'est de danser. La vie qui surgit ici dans le Vide est un mystère, un miracle, un cadeau. Cette chute d'eau du moment présent coule qui sait d'où ? Ça coule, qui sait où ça va ? Pourtant, c'est toujours là. Toujours là. C'est inexplicable, un cadeau, un miracle.

Anne : La danse de la vie.

Richard : Oui.

Anne : Votre optimisme nous donne beaucoup.

Richard : Je suis optimiste parce que l'impossible est arrivé, et qu'il continue d'arriver – l'Être. Après quoi, qu'est-ce qui n'est pas possible ? L'impossible est arrivé – arrive maintenant !

Chapitre 30

Douleur et résistance

Avant le début de l'atelier, ce monsieur posait la question de savoir si voir qui vous êtes vraiment aide, ou pas, à soulager la douleur. Tenez votre main et regardez-la. Vous voyez une couleur et une forme là-bas, mais ici, dans votre Centre, vous ne voyez pas de couleur ou de forme – vous êtes vide pour votre main. Maintenant, refermez-la en un poing, de sorte que votre main se contracte. L'Espace se contracte-t-il ? Non. Détendez-vous maintenant. Votre corps se contracte puis se détend, mais l'Espace n'en est pas affecté. Maintenant, appuyez votre ongle du pouce sur un de vos doigts afin de ressentir une légère douleur. L'Espace est-il blessé ? Non. Bien que vous sachiez que l'Espace n'est pas affecté, sentez-vous toujours cette douleur ? Oui. Mais la douleur n'est pas centrale. Est-ce qu'être conscient de cela change les choses dans la façon dont vous faites face à la tension et la douleur ? Je dis que oui, mais découvrez-le par vous-même !

Disons que vous avez un problème et que vous ne savez pas comment le résoudre. Tenez le problème dans votre esprit, dans cet Espace sage. Je suis sûr que la Source trouvera un certain type de réponse – bien que cela puisse ne pas être la réponse que vous attendiez ou que vous vouliez ! C'est un Espace très sage, à l'évidence, parce qu'il est. Il sait comment Être.

Voici une autre expérience. Regardez vos mains et remarquez que vous les regardez à partir du Rien, de la Non-Chose, du vide. Le Vide reçoit la couleur de vos mains. Il n'interfère pas avec la couleur, n'est-ce pas ? Il est juste Vide, juste Ouvert pour la couleur. Il ne dit pas « non » à la couleur. Maintenant, mettez vos paumes ensemble et appuyez dessus avec une pression égale des deux côtés. Elles ne bougent pas. Vous pouvez les sentir résister l'une à l'autre. L'Espace accepte cette résistance, n'est-ce pas ? Arrêtez maintenant. Maintenant poussez avec la main droite et laisser la main gauche céder. L'Espace préfère-t-il céder à pousser, ou gagner à perdre ? Non. Il dit oui à tout.

En surface, en parlant en tant que Richard, parfois je résiste aux choses et parfois je les accepte. Parfois, je résiste à la douleur et parfois je l'accepte – quand j'y suis obligé, finalement ! Mais au fond de moi-même, en tant que mon Vrai Moi, j'accepte toujours ce qui se passe, y compris la douleur.

Au fond de moi-même, je dis oui à tout.

Est-ce que cela change les choses de voir qu'au fond de vous-même, vous dites toujours oui, que vous êtes toujours heureux de l'instant présent ? C'est le cas. Voir qui vous êtes vraiment, c'est dire profondément oui à la vie, et accepter et accueillir la vie est différent de lui résister. Mais testez-le. Voyez qui vous êtes et voyez comment les choses fonctionnent quand, au fond de vous-même, vous accueillez la vie, même si, à la surface, vous pourriez résister à ce qui se passe.

Ian : J'ai des non assez forts en moi.

Richard : Oui, moi aussi.

Ian : Je ne peux donc pas accepter de dire oui à tout. Même à un niveau profond, j'ai le sentiment que certaines choses sont justes, certaines choses sont fausses.

Richard : Mais l'Espace résiste-t-il à quoi que ce soit ?

Ian : Je ne sais pas.

Richard : Eh bien, vérifiez-le. Je constate qu'il ne le fait pas.

Ian : Oui, mais si vous aviez un poing venant vous frapper le nez, vous sortiriez de vos gonds, non ?

Richard : Oui. Mais je distingue entre moi en tant que Richard et moi en tant que qui je suis. Comme je l'ai dit, Richard résiste. Espérons qu'il échappe à ce poing qui lui rentre dedans ! Mais qui je suis vraiment ...

Margaret : ... dit oui au fait de se sortir de là.

Richard : Exactement. Il est approprié de dire oui à certaines choses et non à d'autres choses. Les choses résistent aux choses. C'est ce que font les choses. Les choses résistent aux choses, mais la Non-Chose ne résiste à rien. Maintenant, êtes-vous une chose au Centre ou êtes-vous la Non-Chose ? Seulement vous, pouvez le dire.

Si vous êtes une Non-Chose, vous ne résistez à rien. Mais jetez-y un coup d'œil. Regardez maintenant. Qu'est-ce que vous trouvez ? Juste là où je suis, je trouve une Non-Chose, un Rien – une Non-Chose mais qui est Espace pour le monde.

Cette Ouverture inconditionnelle n'est pas une attitude. Ce n'est pas un sentiment. Ce n'est pas une réalisation. Vous ne pouvez pas le faire plus ou moins. Ce n'est pas une question de degré, n'est-ce pas ? Vous ne pouvez pas être un petit peu Vide. Mais en aval de la Source, vous pouvez être un peu abandonné ou beaucoup. Pour certaines choses, il est très bon d'être abandonné, mais pour d'autres choses, ce n'est pas le cas. Donc, en aval, il y a toujours un rythme entre le oui et le non, entre l'abandon et la résistance. Mais ici, dans la Source, en amont de toutes choses, vous êtes toujours construit pour être Ouvert – face *là-bas* à Non-face *ici*.

Ces expériences sont des manières de déplacer notre attention très simplement de *là-bas* à *ici*. Vous voyez combien c'est simple. Combien c'est absolument disponible. Combien vous ne pouvez pas le faire mal. Le seul moment où vous pouvez voir qui vous êtes est maintenant. Voir cela n'a pas besoin d'être confirmé par quelqu'un d'autre. C'est très pratique. C'est de l'amour. Cela va de plus en plus profond, toujours plus. Dans la vue vers le dedans, vers ceci, cela ne change jamais, mais dans la vue vers le dehors, vers cela, ça va de plus en plus profond. Il s'agit seulement de faire porter votre attention sur cela. Je suppose qu'on pourrait dire que plus on le fait, plus cela devient une position par défaut.

David : Qu'en est-il de la peur, comme dans l'histoire où Dieu arrive à Être et décide ensuite de l'oublier, quand il risque de ne pas se souvenir qu'il est Dieu ? Je ressens cette peur de ne pas me souvenir, de perdre complètement le Soi. Que suggérez-vous de faire quand cette peur surgit ?

Richard : En ce moment, voyez-vous qui vous êtes ? Oui. C'est tout ce que vous pouvez faire. Vous ne pouvez pas garantir l'avenir. Vous pouvez seulement voir qui vous êtes vraiment *maintenant*. Il y a là une grande liberté. Vous ne pouvez pas réparer ou capturer l'Espace. La peur fait partie du jeu, n'est-ce pas ?

Elle est dans le jeu, *là-bas*. Vous en êtes libre, *ici* où vous êtes. Vous pouvez voir cela maintenant. Vous êtes absolument libre de cette peur maintenant, même si vous la ressentez. C'est comme la douleur – vous la ressentez là-bas et pas ici. Donc, ce n'est pas la promesse que vous n'aurez jamais peur, que vous ne vous sentirez pas déprimé ou que vous ne vous sentirez pas blessé. Mais c'est la promesse que vous pouvez toujours voir qui vous êtes vraiment ici et maintenant, ce qui est voir qu'il n'y a ni peur, ni dépression, ni douleur juste là où vous êtes. Et paradoxalement, le voir maintenant, c'est le voir à jamais parce que cette vision elle-même est hors du temps.

Bien sûr, ne croyez pas ce que je dis, testez-le pour vous-même.

Joan : Peut-être qu'une autre façon d'interpréter cette histoire est que nous sommes en train de nous rappeler que nous sommes Dieu, ou l'Immensité, ou l'Absolu.

Richard : C'est une bonne façon de le dire. Le fait que cette expérience nous soit à tous si évidente et accessible signifie qu'il n'y a pas à en discuter. Tout le monde a une vue valide de la Source et l'expression qu'en donne chacun est valide. Voir que nous sommes l'Unique au centre renforce l'individualité et l'unicité.

Chapitre 31
La Peur de perdre le Soi

Dale : Parfois, les gens se sentent désorientés et même effrayés quand ils viennent pour la première fois à cela. Pouvez-vous nous faire part de votre expérience ?

Richard : Je pense que nous pouvons tous comprendre comment cela pourrait arriver, parce que c'est une façon très différente de faire l'expérience de soi-même par rapport à la vision sociale de ce que l'on est. Cela peut être effrayant pour les gens de pointer vers eux-mêmes et de ne rien voir là – tout à coup vous sentez que vous avez disparu, que vous n'existez pas. Cela peut être étrange et pénible, voire effrayant. Peut-être même est-on tenté de s'enfuir.

Mais si vous ne vous enfuyez pas, si vous continuez à être présent, à voir qui vous êtes, vous voyez que même si vous n'êtes « rien », vous êtes toujours. L'être est indestructible. Et alors vous voyez que même si vous voyez que vous n'êtes « rien », que vous êtes l'Être, la vision sociale de vous-même continue. Votre conscience de vous-même demeure. Au lieu de perdre votre moi social, vous réalisez que votre moi social n'est tout simplement pas central – l'Espace est central, l'Être est central. Donc, vous n'avez pas vraiment perdu votre moi – vous l'avez plutôt *repositionné*, situé là-bas où il a sa place.

Comme vous faites l'expérience en remarquant ce qui est ici, que vous faites un tour dans la Vision pour ainsi dire, vous voyez que vous êtes en sécurité. En fait, c'est un excellent arrangement – en privé vous êtes l'Espace, en public vous êtes une personne. Maintenant, vous vivez les deux côtés de votre identité et vous voyez que cela fonctionne, et que cela fonctionne mieux que d'être seulement celui-qui-est-dans-le-miroir.

Permettez-moi d'ajouter que j'ai trouvé précieux d'avoir des amis qui voient parce que si vous vous sentez désorienté par la Vision, et il y a eu des moments où je me suis senti désorienté, les autres qui Voient vous comprendront, probablement. Et espérons qu'ils vous aideront à comprendre qu'être un peu désorienté est normal.

Si vous ne vous sentiez pas un peu désorienté à un moment donné, ce serait plutôt bizarre, non ? Vous avez passé des années à vous identifier avec celui-qui-est-dans-le-miroir et maintenant vous voyez que de votre point de vue, vous êtes Espace pour le monde. C'est un changement radical. Espérons que cela vous *dérangera* !

La conscience de qui vous êtes réellement va de pair avec la conscience d'être un individu. Elle n'annule pas ou ne dissout pas votre individualité. Elle la remet plutôt à sa place. Donc, même si vous voyez maintenant que vous êtes sans limites, en même temps, vous êtes conscient de vos limites en tant que personne. Je vois que je suis vous, mais même si c'est vrai je ne vais pas vous donner mon portefeuille ! En tant que personne, je comprends assez bien où je finis et où vous commencez. En même temps, si je vois que je suis vous, que tout le monde est à moi et que je suis infiniment riche, alors peut-être que je vais vous donner mon portefeuille après tout ! Il n'y a pas de règle fixe ici.

Chapitre 32

Sans problèmes

Ian : Je suis conscient d'une lutte interne en moi. D'un côté je remarque cet effort en moi, cette croyance que je dois créer cette expérience d'une Conscience unique. Je remarque que mon cerveau pense que je dois créer cette Réalité. D'un autre côté, j'apprends que je n'ai pas à continuer à créer cela, je n'ai pas à continuer à essayer d'en créer l'expérience, parce que l'expérience est déjà en cours.

Richard : Voir qui vous êtes vraiment ne signifie pas que vous n'avez pas ce genre de sentiments – le sentiment, par exemple, que vous devriez faire en sorte que la Vision arrive. Cette réaction a lieu dans l'Espace. Vous ne faites rien de mal. Ce serait difficile si Voir signifiait que nous ne devrions pas avoir ce genre de réactions parce qu'on nous a appris tous les jours que, pour continuer dans la vie, nous devons faire ceci, cela et encore autre chose. Ce genre de pensées et de sentiments sont donc profondément ancrés en nous. Et il n'y a aucun mal à ça.

Ian : Ça se passe dans l'Espace.

Richard : Oui.

Ian : C'est juste là, en suspension.

Richard : Oui, juste là. C'est magique. En tant qu'Unique, je crée un problème maintenant, surgissant dans le Rien ! Si vous n'aviez aucun problème après avoir vu qui vous êtes, en cinq minutes environ vous prieriez pour en avoir parce que les problèmes signifient des défis – ce qui implique des aventures et la découverte de nouvelles choses. Oui, c'est parfois difficile, et parfois c'est même très difficile, mais c'est un processus d'apprentissage. De toute manière, vous aurez des problèmes que vous les vouliez ou non !

Ian : L'expérience que j'ai maintenant, c'est qu'ils sont juste dans l'Espace.

Thomas : Douglas Harding a dit que si vous avez un problème, imaginez-le dans votre main et tenez-le là-bas. Le problème est là-bas.

Richard : Tendez votre main et imaginez que vous tenez votre problème dedans. Pensez à un problème que vous avez dans votre vie maintenant. Un vrai problème que vous avez et imaginez-le dans votre main. Le problème est là-bas. Remarquez maintenant que votre bras revient à l'Espace Ouvert. Votre bras sort de Rien, de la Non-Chose, de l'Œil Unique. Un problème là-bas, pas de problème ici !

Chapitre 33

La confiance

Alex : Celui-qui-est-dans-le-miroir, le petit – y a-t-il jamais eu en lui quelque changement réel en dehors des étapes du développement ? Trouvez-vous que la conscience de qui vous êtes influence réellement le petit ?

Richard : Oui, de plus en plus, toujours plus profondément. Je pense que cela arrive de façon différente pour tout le monde, mais il y a des thèmes généraux. Comme la réalité de qui je suis vraiment s'approfondit peu à peu, mon respect pour l'Unique grandit. C'est pourquoi je suis enclin à Lui passer la main de plus en plus, à Lui faire de plus en plus confiance. Ce n'est jamais une chose complète dans mon expérience, c'est un rythme – parfois je résiste. Il y a donc un dialogue, un rythme entre la résistance et l'abandon, entre le doute et la confiance. Plus je continue, plus je vois qui est ici, plus je pense : « Tu es intelligent ! Tu sembles savoir ce que tu fais ! »

Alex : Je ris parce que nous avons fait l'expérience où l'on pousse une main contre l'autre et vous avez demandé : « L'espace a-t-il une préférence ? » C'est tellement évident que ce n'est pas le cas. Ensuite, deux secondes plus tard, je peux avoir une conversation et complètement oublier que j'ai eu cette compréhension !

Richard : Oui, nous sommes tous un peu inquiets pour vous, Alex !

Jennifer : Je ne sais pas ce que vous entendez par « lui faire confiance ». Lui faire confiance pour faire quoi ?

Richard : Eh bien, pour prendre soin de vous.

Brian : L'Espace n'a jamais changé, alors bien sûr, on peut faire confiance à quelque chose qui n'a jamais changé.

Richard : Oui, vous pouvez toujours Lui faire confiance qu'il sera toujours là. Mais comment pouvez-vous être sûr qu'il va prendre soin de vous ? Je ne peux pas en être sûr, mais j'ai le choix de me fier à Lui ou non. Je n'ai certainement pas confiance en Lui tout le temps. Parfois, je doute qu'il prenne soin de moi. Mais cela signifie que maintenant je fais un voyage intéressant, que je poursuis une aventure.

Je suis conscient de l'Unique et conscient de la possibilité de lui faire confiance. Je m'aperçois que plus je Lui fais confiance, plus je me rends compte qu'il est fiable. La manière dont il fonctionne est mystérieuse. Il est suprêmement sage et aimant.

Chapitre 34

Se souvenir

Diana : C'est une sensation merveilleuse de prendre conscience de ce Rien ici, de cette Non-Chose. On se sent très léger. Mais comment ne pas oublier cette Conscience quand on est dehors, dans le monde ? Comment pouvez-vous vous souvenir de la conscience de votre Rien tout le temps ?

Richard : Il y a différentes réponses à cette question. Voici quelques idées. Ces expériences sont des rappels brillants, simples, pratiques que vous pouvez utiliser dans votre vie quotidienne. Voir qui vous êtes vraiment n'est pas une idée ésotérique, abstraite. Lorsque vous êtes avec une autre personne, vous pouvez remarquer qu'il y a un visage là-bas face à l'Espace ici – vous êtes construit naturellement Ouvert pour cette personne. Quand vous me regardez maintenant, vous ne voyez que le visage de Richard, vous ne voyez pas le vôtre – visage-face-à-Non-Visage. Vous pouvez le voir. Chaque fois que vous êtes avec quelqu'un, vous pouvez le remarquer. C'est pratique. C'est non verbal, donc vous n'avez pas à dire quoi que ce soit ni même à penser à quelque chose. Une personne dans un magasin, votre bien-aimé, n'importe qui, c'est toujours la même situation – visage là-bas face à Non-Visage ici. Ou vous pouvez remarquer votre Œil Unique – peu importe que quelqu'un d'autre soit là-bas ou pas, où que vous soyez. Vous pourriez même pointer du doigt, peut-être quand vous êtes seul quelque part. Pointez maintenant vers votre Non-Visage. Voilà, vous y êtes. Vous ne pouvez pas voir votre visage. Ou quand vous conduisez, voyez que vous êtes toujours Immobile tandis que le paysage se déplace. Quand vous fermez les yeux dans votre lit, voyez que vous n'avez aucune limite. Ce sont donc des conseils pratiques et des rappels que vous pouvez utiliser n'importe où, à tout moment. Voilà une première idée. Probablement que la chose la plus importante est de vouloir être conscient de qui vous êtes réellement. Ensuite, vous trouverez votre chemin vers cela, d'une manière ou d'une autre.

Grandir dans la société, c'est devenir conscient de vous-même en tant que personne aux yeux des autres. Vous acceptez cette identité. Je me vois par vos yeux comme étant Richard. Je ne peux pas voir Richard, mais j'adopte cette identité issue de vous, de la même façon que j'accepte l'image dans le miroir. Je fais *comme si* Richard était là. Un bébé n'a pas encore appris à le faire. Mais comme tout le monde est conscient de soi dans la société où le bébé grandit, le bébé apprend à être conscient de son image. C'est contagieux. Vous ne pouvez pas l'éviter. Vous ne pouvez pas ignorer, nier ou rejeter votre identité personnelle, sinon vous ne pourriez pas fonctionner dans la société. En d'autres termes, être une personne est une chose socialement contagieuse et cela continue à l'être jusqu'au jour de votre mort. D'une manière ou d'une autre, vous êtes continuellement rappelé par d'autres à votre identité personnelle, et vous rappelez la leur aux autres.

Pourtant, je suis aussi conscient que je suis l'Unique. Ici, dans cet atelier, nous sommes dans une mini-société où la conscience de notre Vrai Moi est au premier plan. C'est aussi contagieux, surtout lorsque nous communiquons à ce sujet. Ensuite, tout en affirmant et en confirmant l'identité sociale de chacun, nous affirmons et confirmons notre Véritable Identité. C'est une chose puissante de déclarer qui vous êtes vraiment en public, de communiquer votre Moi Unique. « Je suis l'Unique ! Es-tu l'Unique ? Oui. Formidable ! » Lorsque, dans la Conscience, nous prenons conscience de notre Moi Véritable, dans une situation sociale, comme nous le faisons aujourd'hui, c'est aussi contagieux que de prendre conscience de notre identité publique. Communiquer avec les autres sur ce que nous sommes vraiment permet à tous les gens de prendre la conscience de leur Vrai Moi. C'est pourquoi j'encourage les gens à utiliser leurs voix. De cette façon, nous nous aidons mutuellement à être conscients que nous sommes l'Unique. Bien que cette Réalité n'ait besoin d'aucune confirmation extérieure, nous la confirmons.

Plus il y a de gens qui disent oui à cette Réalité, plus l'atmosphère sociale change dans le sens où cela facilite et soutient cette Conscience. C'est le « travail » qui doit être fait – vivre et partager ce que nous sommes réellement, bien que cela ressemble plus à un jeu qu'à un travail. Ici, dans cet atelier d'aujourd'hui, nous portons cette prise de conscience au devant de la scène – en nous aidant mutuellement à rester éveillés à notre Vrai Moi. En fait, maintenant que vous avez rencontré ces autres ici qui voient qui ils sont, vous n'avez pas à les rencontrer encore et vous serez toujours en contact avec eux – parce qu'il n'y a qu'un seul Unique. Quand vous voyez qui vous êtes, vous le voyez pour chacun comme étant chacun. Donc, à un niveau profond, nous nous soutenons mutuellement quand nous Voyons, même lorsque nous ne sommes pas en compagnie d'un autre.

Mais en dehors de ce fait rassurant, ces jours-ci il y a beaucoup d'occasions d'être avec d'autres qui Voient qui ils sont, soit dans la vie réelle, soit en ligne ou d'une autre manière. Il y a une communauté grandissante dans le monde qui dit oui à cette Réalité. C'est un puissant groupe de soutien, en quelque sorte. C'est pourquoi je suis ici dans cet atelier – pour soutenir et être soutenu, pour rappeler et que l'on me rappelle qui je suis vraiment, pour apprécier la possibilité d'entendre nos nombreuses voix dans ce Silence Unique. Donc, avoir des amis avec qui vous partagez cette Vision peut vraiment vous aider à rester éveillé à cette Vision.

Diana : Que se passe-t-il finalement ? Si je vois qui je suis, disons, tout le temps, constamment, y aura-t-il une sorte de transformation ?

Richard : Une fois que vous voyez qui vous êtes, y a-t-il un changement soudain et total ? Est-ce que vous êtes alors toujours en train de Voir de sorte que vous ne revenez jamais à la vieille façon d'être ? Eh bien, l'Être est toujours ici. Quand vous voyez qui vous êtes vraiment, vous voyez que votre Vrai Moi est toujours ici. Il n'a jamais ne pas été ici. Donc, en un sens, rien ne change, sauf que vous remarquez ce qui ne change jamais. Bien sûr, je n'ai pas toujours pensé à qui je suis vraiment ni ne lui ai dit oui à un niveau conscient, mais il est toujours ici. Donc, ce qui change n'est pas la Vision intérieure dans l'Espace, mais nos réponses et réactions à l'Espace, qui sont dans notre vision extérieure. Apprécier l'Espace ou y penser sont des réactions – vous pouvez avoir soudainement la pensée, la réalisation, que vous êtes l'Unique. Alors vous espérez que vous le ressentirez toujours, que vous réaliserez toujours ceci, mais vous ne le ferez pas. C'est une pensée, ou un sentiment, donc cela disparaît.

Diana : C'est ce dont je parlais. Je veux le sentir pour le reste de ma vie.

Richard : Je sais. Mais vous ne le ferez pas. Tout sentiment que vous avez sur l'Unique passera. Vous savez, c'est réellement une bénédiction que même la réalisation la plus profonde concernant l'Unique s'en aille, parce que si vous en étiez constamment chargée, cela deviendrait un fardeau. Quoi qu'il en soit, quand une réalisation profonde et précieuse s'en va, elle fait alors place à quelque chose de nouveau. Avec le temps, quelque chose de plus profond et de plus significatif sortira de l'Unique. Si vous pouviez conserver une réalisation, cela ne ferait qu'empêcher quelque chose de mieux d'arriver, et qui vous attend là-bas dans le Mystère !

Chapitre 35

La Joie sans ombre

Richard : Quand vous éclairez une chose d'une lumière, elle projette une ombre. Je vois l'ombre des chaussures de John là-bas. Éclairez-moi d'une lumière et mon ombre sera sur le mur derrière moi. Tout a une ombre. On peut aussi dire que chaque joie a une ombre. Toute bonne chose se termine. Même si elle ne finit pas mal, elle finira, donc en ce sens elle a une ombre. Une chose pourrait être si bonne que vous voudriez qu'elle dure à jamais, mais elle ne le fait pas. Il y a des ombres. Il y a des insatisfactions dans la vie, des souffrances. Je pense que c'est ce dont parlait le Bouddha quand il disait que la vie est une souffrance, que la vie est insatisfaisante. Tout finit, tout s'écroule, chaque chose individuelle s'effondre finalement, chaque être aimé meurt. Vous en tant que personne mourrez. C'est la réalité. Je pense que voir qui vous êtes vraiment vous amène à vous rapprocher de la réalité. Tout a une ombre. Il est compréhensible qu'à un certain point, vous vous sentiez déprimé parce que tout passe. Je pense que si vous n'avez jamais connu une sorte de dépression sous-jacente et de tristesse alors peut-être que vous n'avez pas vraiment reconnu que tout passe, que tout le monde meurt. C'est la réalité. Si vous aimez la vie, si vous aimez quelqu'un, comment pouvez-vous ne pas être triste à un moment donné, sachant que cette personne va mourir ? Tout ce que vous aimerez se transformera en poussière.

Mais nous ne devons pas nous arrêter à cette réalisation. En allant plus profond et en regardant sous cette dépression et cette tristesse, en dessous de tout ce qui apparaît et disparaît, vous trouverez que celui vous êtes vraiment n'apparaît ni ne disparaît. En fait, dans un sens aussi bien physique que psychologique, votre Vrai Moi ne jette aucune ombre. Ce que je veux dire, c'est que si vous éclairez d'une lumière n'importe quelle chose individuelle dans cette pièce, elle jettera une ombre sur l'arrière-plan derrière elle. Mais maintenant regardez la Vue Entière. Vous jetez la lumière de la conscience sur elle mais la Vue Entière n'a aucun arrière-plan, ainsi il n'y a nulle part où son ombre tomberait. C'est la seule « chose » qui n'a pas d'ombre parce qu'elle n'a aucun arrière-plan – le Tout n'a pas d'arrière-plan. Et tandis que chaque chose individuelle apparaît et disparaît, en dessous de toutes ces choses provisoires il y a l'Être qui n'apparaît ni ne disparaît. Maintenant vous avez trouvé la joie qui ne projette aucune ombre. Maintenant, vous pouvez choisir d'accueillir cette vérité, cette Joie, dans votre vie.

Les gens qui disent : « Je suis réaliste, la vie est redoutable », ne sont pas allés assez profond. Bien sûr, chaque chose individuelle apparaît puis disparaît, donc dans ce sens, la vie est redoutable. Mais si vous allez plus profond, vous trouverez l'endroit qui n'est pas redoutable, qui n'apparaît ni ne disparaît. Maintenant, vivez consciemment en tant qu'Immuable, Non-né et Lumière immortelle. Vous découvrirez que cette Lumière rejaillit alors dans toutes ces joies qui jettent vraiment des ombres et les pénètre d'un sentiment différent. Vous n'êtes plus à la recherche de la joie qui ne jette aucune ombre là-bas dans les choses qui vont et viennent parce que vous l'avez trouvée où elle est, dans votre Centre. Vous avez découvert ce qui n'a pas de fin. Maintenant, vous pouvez apprécier les choses qui apparaissent et disparaissent et vous savez qu'elles prendront fin sans que leur fin soit catastrophique.

Roger : C'est beau quand on permet à toutes les ombres d'exister, toutes ces choses que nous rejetons, et de voir que derrière il y a le divin.

Richard : Vous pouvez avoir de la compassion pour vous et les autres. J'ai glissé, mais qu'est-ce que j'attendais ? La vie a glissé, qu'est-ce que j'espérais ? Mais l'Être ne glisse pas. Être est la réussite suprême.

Chapitre 36
Compatir à la douleur des autres

Kevin : Quand vous dites « non » à quelqu'un, peu importe sa réaction. Cela n'affecte pas qui vous êtes réellement.

Richard : Oui, sa réaction n'affecte pas l'Espace. C'est important et vrai. Mais je trouve que Voir ne signifie pas que je me sens détaché des autres. Je me sens profondément intéressé par les autres. Bien sûr, c'est différent pour tout le monde. Mais quand vous voyez qui vous êtes, vous voyez qu'il n'y a pas de barrière entre vous et les autres. Ils sont juste ici, en vous. Votre visage est maintenant le mien. Si vous avez l'air triste, d'une certaine manière votre tristesse est la mienne.

Quand nous ne sommes pas conscients d'être sans visage et Ouverts, nous nous sentons habituellement mal à l'aise quand quelqu'un nous regarde. Nous nous sentons inconscients. Nous aussi, nous avons tendance à éviter de regarder les autres. Nous ne voulons pas les gêner, et nous ne voulons pas qu'ils nous prennent à les regarder – au moins plus d'une seconde ! C'est à peine si nous arrivons à regarder constamment, attentivement, les gens. On dit qu'il y a deux situations où une personne peut en regarder constamment une autre – soit quand elle est tombée amoureuse d'elle ou quand elle va la tuer ! Sinon, c'est tabou. Si tel est le cas, comment pouvons-nous vraiment connaître quelqu'un ? J'ai déjà travaillé dans un centre d'aide et j'ai mentionné à une autre conseillère que l'une des expériences de nos ateliers consistait à regarder quelqu'un et à remarquer que nous sommes l'Espace pour cette personne. La conseillère eut l'air horrifié. « Je n'ai jamais regardé mon mari, ni même un étranger », me répondit-elle.

Mais quand vous voyez que vous êtes sans visage, vous réveillez en vous l'innocence et l'ouverture de l'enfant, et vous commencez à regarder les gens sans autant de gêne ou de peur. En tout cas, c'est mon expérience. Peut-être sommes-nous moins préoccupés par ce que les gens pensent de nous lorsque nous ne nous mettons plus en travers du chemin, quand nous nous préoccupons d'eux plutôt que de nous-même. Vous vous retrouvez à regarder, à accepter cette personne d'une manière discrète. Je pense que Sherlock Holmes a dit : « Si vous voulez trouver quelque chose, il n'y a rien qui vaille le regard ! » Eh bien, si vous voulez connaître les autres, il n'y a rien qui vaille le regard !

Donc je ne pense pas que voir qui vous êtes vraiment vous empêche de vous intéresser aux autres et de compatir pour eux. En fait, peut-être une des raisons pour lesquelles les gens résistent à la Vision, si ils le font, c'est parce que leur intuition leur dit que cela signifie qu'on laisse rentrer les autres en soi et que, comme cela, on a une expérience encore plus profonde de la souffrance du monde. Plutôt que d'être un moyen de vous éloigner des autres, Voir c'est s'intéresser toujours plus profondément aux autres. Bien que rien ne puisse vous blesser en tant qu'Unique, en même temps, vivre en tant qu'Unique vous rend plus vulnérable.

Kevin : C'est fort.

Laura : C'est aimer soit en tant qu'identité, soit en tant qu'Unique. Aimer ses enfants en tant qu'identité ou aimer vos enfants en tant qu'Unique – deux choses différentes.

Richard : C'est magnifique.

Angela : Trouvez-vous que vous passez naturellement de l'une à l'autre de ces identifications ?

Richard : Oui. Non seulement je ne peux pas me débarrasser de mon être humain, mais je ne le veux pas non plus. Il est précieux. Si vous voulez vous débarrasser de votre moi humain, qu'est-ce que cela dit de votre attitude envers les autres : pourquoi s'embêter avec eux ?

Angela : Oui, pourquoi s'embêter avec eux ?

Richard : Pourquoi s'embêter avec eux ? Vous êtes profondément attaché et identifié à votre moi humain. Il est très spécial et vous en avez besoin. L'Unique en a besoin. Comme nous avons appris à nous identifier avec notre moi humain et à assumer la responsabilité de cette personne et à avoir une compréhension limitée de ce que c'est d'être une personne, nous pouvons apprécier ce que d'autres personnes traversent dans leur vie. Si vous ne passez pas par ce processus d'identification, vous ne pouvez pas comprendre les gens. Lorsque vous vous éveillez à l'Unique, votre compréhension s'approfondit parce que maintenant vous reconnaissez non seulement que les autres ont des sentiments comme vous, bien que vous n'éprouviez pas leurs sentiments directement, et qu'ils pensent comme vous, même si vous ne faites jamais l'expérience de leurs pensées, etc. – maintenant vous reconnaissez également qu'ils regardent à partir de l'Unique, tout comme vous. C'est une compréhension encore plus profonde, n'est-ce pas ? Vous savez exactement ce que c'est d'être qui ils sont vraiment parce que c'est ce que vous êtes aussi.

Chapitre 37

Posséder le monde

William : Il y eut un moment dans ma vie où j'étais conscient de toutes les choses que je n'avais pas. Je n'avais qu'un peu de ce qu'il y avait à avoir. Maintenant j'ai tout. Quand je visite la maison de Dale, c'est ma maison aussi !

Dale : Que dirais-tu de payer l'hypothèque !

William : J'ai un type unique de propriété ! Je possède ta maison d'ici et je ne paie pas l'hypothèque ! Peu importe où je vais, si je suis dans un avion, par exemple, c'est mon avion. Tous les gens qui s'y trouvent me tiennent compagnie. C'est comme être dans un film. Je distribue les rôles de tout le monde dans mon film afin que cette histoire ait lieu.

Richard : Une fois, alors que je voyageais avec Douglas Harding, nous sommes sortis de l'autoroute pour aller dans un café et avons pris une tasse de thé. Douglas a commencé à parler du café émergeant magiquement du Rien. Il était là avec tout le personnel prêt à nous servir et ça se passait bien. Vous payez deux livres pour un café et regardez tout ce que vous obtenez pour cet argent ! Un café pleinement fonctionnel. Vous êtes l'Espace pour cela, donc c'est à vous. Mais vous n'avez pas à vous soucier de maintenir la situation. Dès que vous avez terminé votre café, vous remettez le café dans le vide. Vous le repliez et l'oubliez. Quand vous en avez besoin, vous le sortez du Vide. Quand vous n'en avez plus besoin, vous l'y remettez !

Peter : Nous pouvons tout créer.

Richard : Le Vide le peut. L'Unique peut. Incroyable. C'est tellement ludique, si créatif, tellement reconnaissant, si riche, si amusant.

Vous êtes toujours à la Maison. Je ne suis allé nulle part – Dale et vous êtes tous deux arrivés en moi. Vous êtes mes invités ici dans ma Maison. Puis, dans un court instant, vous disparaîtrez de nouveau dans le Vide, Londres arrivera en moi, et Londres sera mon invitée

CÉLÉBRER QUI NOUS SOMMES

dans ma Maison ici. C'est vrai pour nous tous. Cela engendre un sentiment différent sur la vie, n'est-ce pas ? Vous êtes chez vous où que vous soyez.

C'est la vérité, alors habituons-nous y !

Peter : La vie vous rend visite.

Richard : Oui. C'est incroyable, un miracle, un cadeau. Invraisemblable. D'où venez-vous ?

Peter : Je vous traverse.

Chapitre 38

Rentrer à la Maison

Margaret : Habituellement, nous ne sommes pas conscients de l'Espace, de regarder dans cette direction vers l'intérieur. Habituellement, nous regardons vers l'extérieur. Alors maintenant, allons-nous élargir notre perspective pour inclure les deux directions ?

Richard : Oui. Le bébé regarde juste dehors, il ne regarde pas encore en arrière vers lui-même. Grandir, c'est apprendre à regarder vers soi-même du point de vue des autres. Mais nous nous arrêtons à mi-chemin, là où est notre apparence humaine. Je m'imagine comment j'apparais à travers vos yeux – d'une certaine manière je me retourne vers moi-même. J'imagine ce à quoi je ressemble de votre point de vue. J'imagine Richard ici. Quand je vois qui je suis vraiment, je fais tout le chemin de retour vers la Maison et regarde tout le chemin du retour au Centre où il n'y a Rien. J'allais dans la bonne direction avant, mais je m'arrêtais à mon visage. Maintenant je fais tout le chemin vers la Maison, mon Non-Visage. Bien sûr, à la fin il n'y a pas d'ici ni de là-bas. Ces termes sont provisoires. C'est les deux ensemble d'une certaine façon. Mais comme nous avons cette idée sur l'ici et le là-bas, nous pouvons maintenant dire que nous avons fait tout le chemin pour venir ici, tout le chemin vers la Maison.

Pointez à nouveau du doigt vers le dedans. Maintenant, pointez vers l'extérieur en même temps – un pointage bidirectionnel. C'est un geste. Nous sommes sous l'illusion qu'il y a quelque chose ici dans notre Centre, mais maintenant nous dissipons cette illusion en regardant. Nous sommes sous l'illusion que nous regardons à partir d'une chose ici. Regardons pour voir si c'est vrai.

Margaret : Je viens juste de saisir ! Je pense que ce que vous avez dit est vrai – nous nous arrêtons à notre reflet, à notre visage. Nous nous arrêtons là. Je ne pense pas que j'avais vraiment reconnu cela. On n'a pas à s'arrêter là, on continue.

Richard : Oui, on fait tout le chemin.

Chapitre 39

Deux langages

Richard : Quand vous voyez qui vous êtes vraiment, d'une certaine façon, vous apprenez à parler une nouvelle langue. Avant de voir qui vous êtes réellement, le mot « je » signifiait vous en tant que personne. Mais quand vous vous éveillez à ce que vous êtes vraiment, vous vous rendez compte que « je » peut aussi vous désigner comme l'Unique. Avez-vous maintenant à passer d'un vocabulaire à l'autre ? Devez-vous vous débarrasser de la première signification du mot qui se réfère à vous en tant que personne, maintenant que vous êtes conscient de votre Vrai Moi ? Non. Maintenant, vous parlez deux langues. La langue que vous parlez dépend de qui vous parlez. Lorsque vous parlez à quelqu'un qui ne sait rien de son Vrai Moi, vous n'utilisez pas le mot « je » comme signifiant l'Unique, vous l'utilisez pour vous-même en tant que personne. Donc, dans cette situation-là, j'utilise le mot « je » comme se référant à Richard. Mais quand je parle avec quelqu'un qui ne voit pas qui il est vraiment, alors je peux passer de l'une à l'autre des deux significations. Les enfants qui grandissent avec un parent français et un parent anglais peuvent commencer une phrase en français et la terminer en anglais. On passe facilement d'une langue à l'autre.

C'est la même chose avec l'Unique. Vous pouvez être flexible. C'est plus riche et plus intelligent que de penser que vous devez vous en tenir à une langue. Je dis que je vais entrer dans ma voiture et regarder le paysage passer à travers mon Immobilité. Vous voyez – j'ai commencé la phrase par Richard en train de se déplacer et l'ai terminée comme étant Celui qui ne bouge jamais. Pourquoi pas ? Si la personne à qui vous parlez voit qui elle est, elle comprend.

Kevin : L'idée d'être l'Unique ne fait pas partie de notre langue. Notre langue n'avait pas saisi. Elle a saisi maintenant.

Richard : Oui, nous apprenons une nouvelle langue.

Kevin : J'entends certaines personnes se référant à elles-mêmes comme étant « cet organisme » plutôt que de dire « Johnny » ...

213

Richard : Quand vous réalisez que l'expérience est non verbale, vous ne mettez pas l'accent sur une expression parfaitement exacte dans le langage. Si vous essayez de l'exprimer exactement, vous deviendrez comme un avocat. « Il y a de la colère qui surgit. » Cette façon de parler me semble maladroite. Vous voulez dire que vous êtes en colère, c'est tout.

Chapitre 40
Ouverture inconditionnelle

Richard : Si je laisse tomber le Jeu des Visages, mais que vous voulez continuer à y jouer, cela ne me dérange pas vraiment. Si vous jouez au Jeu des Visages, cela ne signifie pas que je doive y jouer. Et que je n'y joue pas n'est pas quelque chose que je fais séparément de vous – je vois qui je suis comme vous et pour vous. Je ne vois pas séparément de vous.

Voir qui vous êtes n'est pas indiscret, envahissant, cela n'impose rien. C'est laisser les gens être comme ils sont et c'est recevoir qui ils sont. L'Espace est inconditionnellement Ouvert. Il ne dit pas : « Je vais être Ouvert pour vous, aussi longtemps que vous vous comporterez tel que vous êtes, tant que vous ne jouerez pas au Jeu des Visages. » Non. Je voudrais que vous vous comportiez tel que vous êtes, j'aimerais que vous soyez conscient de qui vous êtes réellement, mais si vous ne faites pas ce que je veux que vous fassiez, je continue à être vous. En fait, ne pas jouer au Jeu des Visages est une chose privée. Cela ne dépend pas du fait que les autres n'y jouent pas. En un sens, cela n'a rien à voir avec les autres. Vous regardez simplement pour vous-même et c'est tout.

La plupart des gens ne connaissent pas d'autre façon d'être en dehors de ce Jeu des Visages. Mais quand les gens voient qui ils sont, les autres le ressentent. C'est affectueux. Les gens pensent : « J'aimerais être un peu comme ça. » Lorsque vous êtes conscient de votre Ouverture, vous communiquez cette Ouverture – à votre façon, vous transmettez cette Ouverture.

Être qui vous êtes vraiment est sain d'esprit, c'est la santé. Quand vous Voyez, naturellement vous avez de la compassion pour les autres qui jouent au Jeu des Visages parce qu'ils ne sont pas conscients de ce trésor en eux-mêmes. Vous n'êtes pas là pour les juger – « Vous jouez au Jeu des Visage et pas moi. » Ce n'est plus « nous et eux ». Vous embrassez chacun comme étant vous-même.

Chapitre 41
Indépendant du sentiment

Levez vos mains et explorez le bord de votre Œil Unique. En tournant autour, vos mains disparaissent dans cette vaste Ouverture, ce Silence, cette Tranquillité. C'est non verbal et non émotionnel. Cette expérience ne dépend pas du fait que vous vous sentiez bien ou mal. Vous remarquez simplement que vous ne pouvez pas voir votre tête. C'est juste un fait, une observation. Cette neutralité est un grand avantage. Voir votre Vrai Moi ne dépend pas de votre humeur. C'est juste là, peu importe ce que vous ressentez – vous ne voyez pas votre tête.

Cette expérience peut ou non signifier quelque chose pour vous. Une personne dans le cercle peut avoir une forte réaction positive à voir qu'elle est sans tête. « Ouah, c'est incroyable ! » Pendant ce temps quelqu'un d'autre pense : « James semble avoir saisi mais je ne ressens pas ce qu'il ressent, alors je ne peux pas avoir saisi l'expérience. » Non ! Vous l'avez saisie, mais vous avez une réaction différente, c'est tout. Nous distinguons entre l'expérience non verbale, neutre – vous ne pouvez pas voir votre tête, vous ne pouvez rien voir ici – et votre réaction à cette expérience. La réaction de chacun sera différente. J'affirme donc que votre réaction est valable, quelle qu'elle soit. Même si c'est « Quoi, c'est tout ? », c'est une réaction valable, n'est-ce pas ? Bien sûr. Or vous continuez à ne pas voir votre tête. Même si cela ne signifie rien pour vous, vous ne pouvez pas éviter l'expérience ! Vrai ?

Mark : Oui.

Richard : Avez-vous eu une expérience « ouah » ?

Mark : Pas tout à fait, mais j'ai certainement un peu le vertige !

Chapitre 42
Partage avec les enfants

James : Que se passe-t-il quand on partage la conscience de qui nous sommes vraiment avec de jeunes enfants ?

Richard : Nous venons tous de cet Espace, mais les bébés et les nourrissons viennent d'ici sans la complication de se sentir gêné. À cet égard, ils sont nos maîtres. Nous ne leur apprenons pas à être cette Capacité, nous leur enseignons à rejoindre le club des hommes ! C'est notre travail. Nous ne leur enseignons pas à être qui ils sont vraiment – d'ailleurs, ils nous l'enseignent ! Donc, je ne veux pas aborder ce sujet d'être l'Unique avec un enfant. Un enfant s'affaire à devenir membre du club des hommes, à apprendre à jouer au Jeu des Visages. Bien sûr, s'il pose des questions sur ce genre de choses ou lorsqu'il dit : « Maman, pourquoi je n'ai pas de tête ? », comme cela arrive parfois, et comme vous savez ce que cela signifie, vous pouvez répondre de façon sympathique et l'aider. Vous n'invalidez pas son expérience. Si vous ne saviez pas que vous êtes sans tête, vous pourriez rejeter son expérience – « Ne sois pas stupide. » Mais puisque vous voyez cela, vous pouvez lui dire : « Je sais ce que tu veux dire, je ne peux pas voir ma tête non plus. »

James : Et les adolescents ?

Richard : J'étais adolescent quand je suis tombé sur cela, donc certains adolescents s'intéressent à qui ils sont vraiment. Il n'y a pas de règle. Mais, fondamentalement, les adolescents tentent de découvrir qui ils sont dans le monde. La dernière chose que vous voulez être quand vous êtes adolescent, c'est de n'être personne – vous voulez être quelqu'un. C'est tout à fait justifié. J'ai un ami dont la mère était membre d'un groupe spirituel, un groupe d'Advaita, « non duel ». Sa mère n'aimait pas utiliser le mot « je » parce que la philosophie du groupe était qu'il n'y avait pas de « je ». Ainsi, par exemple, au lieu de dire que vous étiez en colère, vous deviez dire : « La colère se lève. » Sa mère, pensant qu'elle faisait du mieux qu'elle pouvait, n'utilisait d'ailleurs pas le mot « je » avec sa fille. Pouvez-vous imaginer à quel point c'était perturbant ?

Mon amie m'a dit que quand elle est tombée sur l'absence de tête, cela l'a vraiment aidée parce que cela lui a permis d'accepter sa réalité en tant que personne ainsi que sa réalité en qu'Unique. C'était normal de se considérer comme une personne et d'utiliser le mot « je ». Si nous disons à nos enfants qu'il n'y a pas un « je », un moi, que vraiment « nous n'existons pas », nous leur créons un stock de problèmes. C'est évident, n'est-ce pas ?

Bien sûr, si un adolescent vous pose des questions à ce sujet, comme je l'ai fait quand j'étais adolescent, et que vous savez qui vous êtes réellement, alors vous êtes en excellente position pour répondre positivement. Si une personne me demande quelque chose à ce sujet, quel que soit son âge, je vais répondre. Mais dès que j'ai l'impression qu'elle ne veut plus entendre, je m'arrête. Un enfant, un adulte, un adolescent, peu importe. C'est improductif et cela n'est pas respectueux de faire pression sur les autres. Mais quand une personne vient vous poser des questions à ce sujet, vous pouvez arrêter de freiner et vous partagez votre expérience avec elle.

Chapitre 43
Une Malédiction devient une bénédiction

Je fais directement l'expérience de l'Unique, j'entends dire qu'il y a de Nombreux autres. Il est clair pour moi que je ne peux pas prouver que les autres existent. Je ne sais pas avec certitude que vous pensez et ressentez, etc. Je ne sais pas avec certitude que vous existez puisque je ne peux pas vous voir. J'avais l'habitude de penser que la vérité, par conséquent, était que vous n'existiez pas quand je ne pouvais pas vous voir et qu'il n'y avait pas d'autre conscience à part la mienne – qu'il n'y avait pas d'autre vue de l'Unique en dehors de ma Vue. Je suis seul à être. Il n'y a qu'ici et il n'y a que maintenant. Alors j'ai pensé : « Puisque cela doit être la vérité, alors je dois vraiment vivre cela. Il n'y a personne là-bas, donc je dois arrêter de fantasmer qu'il y en a. Arrête, Richard ! » Mais une partie de mon désir de vivre libre de l'illusion des autres n'était pas simplement un désir de vivre la vérité. J'espérais aussi que si je me débarrassais de l'idée des autres, cela réglerait tous mes problèmes – parce que les autres étaient le problème. J'ai pensé : « Cela semble être un bon moyen d'aller de l'avant – regarder les autres sans avoir le sentiment qu'il y a quelqu'un là-bas, ni même quelqu'un ici. Alors toute ma gêne s'en ira et tous mes problèmes avec elle. Pas de moi, pas d'autres, pas de problèmes. » J'ai essayé mais je ne pouvais pas le faire. J'ai échoué. Je ne pouvais pas me débarrasser de l'idée des autres ou de l'idée de moi-même. Le sentiment de la réalité des autres persistait. Ma gêne persistait.

Je me suis rendu compte que même si je pouvais voir qu'il n'y avait pas les autres et que j'acceptais que cela soit vrai, j'agissais *comme si* les autres existaient, et je ne pouvais pas m'empêcher de le faire. J'agissais comme si vous étiez là et moi ici. J'agissais comme s'il y avait un « nous ». Je ne pouvais pas prouver qu'il y avait un « nous », mais je ne pouvais pas arrêter d'agir comme si c'était vrai et réel. Alors j'ai pensé : « Le problème ici n'est pas l'idée du

« nous », le problème est ma résistance à cela. Que se passe-t-il si je reconnais simplement ma défaite et que j'admets que je ne peux pas arrêter d'agir de cette façon ? J'ai été si profondément conditionné à cette façon d'être que je ne peux pas l'arrêter. Je ne peux pas arrêter d'agir comme si j'étais réel, comme si les autres personnes étaient réelles, comme si les autres lieux étaient réels, comme si les autres temps étaient réels. Au lieu de résister à cela, je me laisse l'accepter. »

En même temps, j'ai commencé à examiner de plus près mon expérience de cette gêne. En regardant en arrière dans ma vie, il m'est apparu clairement que j'avais toujours été l'Espace, mais que je n'avais pas toujours été Richard – en tant que bébé, de mon point de vue ni moi ni les autres n'existaient encore. En entrant dans la petite enfance et l'enfance, Richard et d'autres ont émergé dans la Conscience. Ils sont devenus de plus en plus réels. Ou je pourrais dire – puisque je suis la Source – qu'ils sont sortis de mon propre Être. Moi, en tant qu'Unique, ai donné naissance à moi-même et aux autres. Je me suis divisé en de nombreux autres.

Kierkegaard avait observé que la vie est vécue vers l'avant et comprise vers l'arrière. J'ai réalisé que c'était vrai. En regardant ma vie en arrière, je pouvais voir le sens d'expériences qui avaient peu ou pas de sens pour moi à l'époque. La distance conduit à la perspective, elle aide à donner un sens aux choses. Mais maintenant, je me rendais compte que je pouvais regarder dans le temps non seulement mon développement personnel, les changements que j'avais traversés en tant que Richard, en essayant de leur donner un sens – mais aussi que je pouvais regarder dans le passé la manière dont m'étais développé en tant qu'Unique, et en particulier le fait que j'avais commencé en tant qu'Unique, puis m'était divisé en plusieurs. Tout comme je pouvais regarder ma vie personnelle et me demander pourquoi j'avais fait quelque chose, en essayant de comprendre mes motifs inconscients, mes intentions cachées qui se révélaient seulement aujourd'hui dans mes actions – maintenant que je pouvais enfin voir où les choses avaient conduit – je commençais désormais à regarder dans le passé en tant qu'Unique et à me demander : « Pourquoi me suis-je en tant qu'Unique divisé en de nombreux êtres ? Quelles étaient mes intentions inconscientes, mes motifs cachés ? Qu'espérais-je réaliser en oubliant que j'étais l'Unique et en devenant à la place un-parmi-plusieurs ? Pourquoi avais-je fait cela alors que la présence du " moi " et des " autres " s'est révélée si problématique ? Pourquoi n'étais-je pas simplement resté dans mon état original d'Unité, de Solitude, en évitant tout ce stress ? »

Une réponse m'a été donnée, encadrée par une sorte d'histoire, un mythe au sujet de l'Unique devenant le nombre. J'en ai parlé plus tôt dans l'atelier. En tant qu'Unique, je suis apparu à partir du Rien. Je suis arrivé. Merveille des merveilles ! Ayant réalisé miraculeusement l'Être, je voulais partager l'émerveillement et la joie que j'avais eue à me créer, mais il n'y avait personne pour partager mes sentiments avec moi – j'étais seul à être apparu du Rien. Ainsi, ayant accompli l'exploit impossible de me créer à partir du Rien, j'ai fait alors une deuxième chose étonnante – j'ai créé les autres afin d'avoir quelqu'un avec qui parler ! Cette invention a impliqué une période où j'ai oublié que j'étais l'Unique et où je suis devenu une personne – le stade de l'âge adulte. C'est à ce moment-là que je me suis profondément convaincu de la réalité de moi-même en tant que personne et de la réalité des autres, mais je n'avais plus aucune idée que j'étais l'Unique.

Maintenant, dans la quatrième étape du voyant, je suis toujours identifié profondément avec Richard et je suis encore très conscient des « autres ». Mais désormais, je vois aussi qui je suis vraiment. Il y en a aussi d'« autres » dans ma vie qui voient aussi qui ils sont réellement. Ce qui signifie que mon rêve d'origine est devenu réalité. J'ai accompli ce que j'avais entrepris de réaliser – je suis avec d'autres avec qui je peux partager ma joie – notre joie – au sujet de l'Être. Comment l'Unique a-t-il pensé à cette solution à son problème de solitude ? C'est du pur génie. Mais je suppose qu'il ne savait pas ce qu'il faisait à l'époque et seulement maintenant, à travers nous, commence-t-il à voir et à apprécier ce qu'il a fait !

Une chose accueillie est différente d'une chose à laquelle on résiste. En un sens, rien n'a changé. Je suis aussi identifié à Richard que jamais et convaincu de la réalité des autres comme toujours. Avec ce sentiment de séparation survient la souffrance. Ce que je donnerais si seulement je pouvais retourner à la paix éternelle et la tranquillité d'être le Seul sans les autres ! Eh bien, je ne donnerais rien du tout ! Je ne veux pas y retourner. C'est exactement ce que je voulais éviter ! Maintenant, je me rends compte que le but en « grandissant », en passant par cette expérience douloureuse de devenir une personne, était de préparer le terrain pour la prochaine étape du Voyant. J'ai commencé en tant qu'Unique sans les autres. J'ai alors oublié d'être le Seul et suis devenu un-parmi-de-nombreux-autres. Heureusement, j'ai continué et, redécouvrant l'Unique, me suis transformé en Unique-qui-est-aussi-beaucoup. Mon rêve était d'avoir de la compagnie. Mon rêve était de pouvoir partager l'émerveillement et la joie que je ressens d'Être. Mon rêve est devenu réalité – toute la journée d'aujourd'hui, j'ai célébré avec vous le miracle de qui nous sommes vraiment.

Comme l'Unique est intelligent ! Ce que j'avais vu comme un problème – me sentir séparé – s'est avéré être l'une des très grandes inventions de l'Unique. En reconnaissant cela, ma résistance au sentiment d'être séparé fond. Je commence à accepter, et ensuite à accueillir positivement, l'expérience d'être séparé. La malédiction du « moi » et des « autres » se transforme en bénédiction du « moi » et des « autres ».

Chapitre 44

La Fin

C'est la fin de l'atelier ! C'était formidable d'être vous tous ! C'était merveilleux de mettre la Vision au premier plan toute la journée, et un plaisir de partager nos différentes réponses à ce miracle que nous sommes. J'espère vous voir et être vous à nouveau bientôt.

Maintenant, je vais vous remettre dans le Vide !

Épilogue

Si cela vous intéresse d'en savoir plus sur la Vision sans tête, ses implications et ses applications, notre site web, headless.org est une grande ressource. Vous trouverez également une liste de livres dans notre librairie.

Il y a aussi un lien sur notre site web vers notre chaîne YouTube où il y a beaucoup de vidéos.

Si cela vous intéresse de rencontrer d'autres personnes qui explorent la vie depuis qui elles sont réellement, nous avons des réunions vidéo gratuites en ligne hebdomadaires – pour les personnes qui ont fait les expériences et s'intéressent à explorer ce chemin en compagnie d'autres. Pour plus d'informations, veuillez contacter Richard à headexchange@gn.apc.org

www.ingramcontent.com/pod-product-compliance
Lightning Source LLC
Chambersburg PA
CBHW030824090426

42737CB00009B/856